New window 新視野212

大人的心理學

看完可以馬上用的心理學定律，人際溝通、職場應變全對策

夏林　編著

高寶書版集團

目錄

前言

我們所生活的世界，每天都在發生著變化，無論是大自然的變化，還是人自己身上的變化，都暗含著一定的規律，我們的生命就是遵循著這些規律。人們總是期盼著能夠參透這些規律並使之為自己所用。所幸的是，確實有很多心理學家研究出了透過事物的表象看透其本質的方法，如果你有心瞭解這些內容，那麼你或許可以利用這些神奇的定律和法則來駕馭你的人生，改變你的命運。

墨菲定律就是一個很典型的似乎掌控了人們生活的心理學效應。這種心理學效應不僅能帶給我們很多啟示，而且應用範圍極其廣泛。墨菲定律的內容非常簡單，但是它就像是宴會上的不速之客，並不討人喜歡，卻也避之不開。比如：當你沒有梳洗打扮出去時，越不想被某個人看見，就越可能和他相遇；當你覺得會下雨而天天帶著傘的時候，並沒有下過一次雨，而你剛把傘放在家裡，雨就來了……為什麼我們越擔心的事越會發生？

為什麼生活中總會有這麼多事與願違的情況和啼笑皆非的事情呢？有沒有什麼辦法可以避開墨菲定律的魔咒，可以讓自己更有效率地工作，更幸福地生活呢？很多問題，你還要到書中去找答案。

當然，人類社會是複雜的，因而所產生的的各種現象和與之對應的定律、規則也非常多，墨菲定律不過是其中之一。這些心理學知識，無時不刻地影響著我們的生活，影響著我們的選擇，我們必須瞭解它們、熟悉它們，才能使用它們，讓它們為我們的生活服務，而不是反過來被它們支配。

學會識破並熟悉應對各種心理學問題，掌握快速瞭解他人、迅速贏得他人喜歡的方法，這些對於每個人來說都非常有必要。因此，本書介紹了墨菲定律等諸多經典的心理學定律、法則、效應，在簡單介紹了每個定律或法則的來源和基本理論後，就如何運用其解釋人生中的現象並指導我們的工作和生活等進行了重點闡述，並且將這些看似艱深、晦澀的定律、法則闡釋得透徹明瞭，對人們正確理解人性、理解社會有著十分有益的啟示。這是一部可以啟迪智慧、改變命運的人生枕邊書。

掌握這些定律，對於我們解決生活和工作中遇到的林林總總的問題，會有很大的幫助。希望每位讀者朋友都能夠看清真實的自己、擁有積極的力量、活出精彩的人生。

第一章

走跳職場的心理學

墨菲定律——壞事的發生，正是被你自己想出來的

「別跟傻瓜吵架，不然旁人會搞不清楚，到底誰是傻瓜。」生活中，這種思維模式並不少見，心理學上稱它為「墨菲定律」。

「墨菲定律」是一種心理學效應，是由愛德華・墨菲（Edward A. Murphy）提出的。它的原句是這樣說的：如果有兩種或兩種以上的方式去做某件事情，而其中一種選擇方式將導致災難，則必定有人會做出這種選擇。

因為「墨菲定律」在生活中發生的普遍性，人們對其進行了多種衍義，但究其根本，墨菲定律的意義就是：

墨菲定理告訴我們，如果事情有變壞的可能，不管這種可能性有多小，它總會發生。比如你口袋裡裝著一張支票，生怕別人知道也生怕丟失，所以你每隔一段時間就會去用手摸口袋，去查看支票是不是還在，於是你的規律性動作引起了小偷的注意，最終被

小偷偷走了。即便沒有被小偷偷走，那個總被你摸來摸去的口袋也可能最終被磨破，支票就掉出去丟失了。

墨菲定理的適用範圍非常廣泛，它說明了一種獨特的社會及自然現象：越害怕發生的事情就越會發生，為什麼？就因為害怕發生，所以會非常在意，注意力越集中，就越容易犯錯誤。它的極端表述是：如果壞事有可能發生，不管這種可能性有多小，它總會發生，並造成最大程度的破壞。

比如說，我們開車的時候常常會發現：主要幹道好像在塞車，選擇走替代道路吧，車剛開出去沒多久又發現，原來替代道路也塞車，而且主要幹道現在不塞了。

大學上課的時候，老師幾乎從來不點名，你也幾乎從不逃課，但是剛好某一次被室友慫恿去做其他事，心想：好吧，應該不會那麼倒楣吧，不會老師今天就點名吧？結果，真的，那天老師就破例點名了。

有的人平時出門都會在包包裡放一把傘，某天看著天氣不錯，應該不會下雨，而且自己主要都在室內待著，所以沒帶傘，結果，當天中午臨時要出去送資料給客戶，出門就剛剛好遇上下大雨。

墨菲定律的內容並不複雜，它告訴我們，容易犯錯誤是人類與生俱來的弱點，不論科技多發達，事故都會發生。而且我們解決問題的手法越高明，面臨的麻煩就越嚴重。所以，我們在事前應該盡可能想得周到、全面一些，要學會接受錯誤，並不斷從中吸取經驗。而且，不要把注意力只放在不願意接受的結果上面，而把出現機率相同的滿意的結果視為理所當然而忽略掉。

所以，在瞭解了墨菲定律之後，我們不妨從一個全新的角度來看待事情：如果你心裡總是想著壞的事情，它就會發生；如果你心裡總是往好的方面想，那好事是不是也就隨之而來了呢？坦然接受事實，放鬆心態調整自己，說不定你就能扭轉乾坤，轉壞為好呢！

鑰匙理論——能否掌握人心，是決定成敗的關鍵

厚重的城門上掛著一把沉重的巨鎖，錘子、鐵棒和鋼鋸都想把它打開，藉以顯示自己的神通。錘子使出渾身的力氣從早砸到晚，只把鎖砸出一道凹痕；鐵棒撬來撬去只讓鎖變了形；鋼鋸使出了渾身解數，還是沒把鎖鋸斷。這時候，一把毫不起眼的鑰匙走過來，「我來試試吧」，說著輕巧地鑽進鎖孔，門鎖「喀嚓」一聲應聲而開。大家都很驚奇它是怎樣做到的，鑰匙只是輕柔答道：「因為我最懂它的心。」

每個人對外界都充滿警戒，就像心中有一把無形的大鎖。只有懂得他們的心、理解他們的真實感受和需要，才能打開他們的心門、與他們順暢地交流。

懂一點心理學，在與人交往過程中恰當運用一些技巧，就能有四兩撥千斤的效果；一味蠻幹、真心直率地對待他人反而容易引起誤會和反感。

人際關係不僅僅是單純的朋友關係，其複雜程度不亞於戰爭。古人云「上兵伐

謀」，意思是說上乘的兵法在於謀略。與人交往也一樣，一味苦幹實幹、攻城掠地，倒不如懂得人心，善用謀略、巧用人心，才能四兩撥千斤，讓自己的為人處世更加輕鬆自如。

古往今來，多少英雄都善於利用心理戰術來打敗敵人、收服人心、保全自己。諸葛亮在要塞失守後，利用司馬懿的多疑，一曲琴音輕鬆退去幾十萬大軍；曹操戰勝袁紹之後，將暗中與之有書信往來的部下名單和信件付之一炬，輕鬆收服了無數謀士；古今一脈相承，中日戰爭期間，春意盎然的四月天，中國的軍人曾折下無數杏花趁暗夜悄悄放到日軍身邊，使他們想起遠方家鄉的櫻花、櫻花下的家人，從而士氣低迷、無心戀戰。

可見，成就大事者無一不是深諳人心的，不僅在戰場上是這樣，在教學領域、行銷領域、現代管理領域，在談判桌上甚至酒會宴請場合中，巧用人心都能夠得到更多人的關注和尊重，能夠更輕鬆地達到目的。

德國著名的ALDI超市是當今世界上零售業的商業巨頭，他們僅僅是從一家小雜貨店起家的。母親從兄弟倆小時候便做著一件小事，就是賣郵票和信封：郵票是不賺錢的，免費的膠水一瓶的成本需要賣出五百個信封才能賺回。兄弟倆起初不明白為什麼，母親告訴他們：「賺錢還要懂得『賺』人心。如果一個人只看錢，他就看不到義，看不到別人的需要，心裡也就自然失去了對別人的理解和尊重，有誰願意和一個損人利己、不尊重人、不理解人的人做生意、打交道呢？」

秉持著母親的教誨，他們開起了第一家超市，在寫什麼標語的問題上，兄弟倆一致否決了「本店有攝影監控」、「偷一罰十」等，而是尊重顧客的利益、尊嚴和感受，打出了這樣的標語：「本店有攝影鏡頭，請您保持微笑，請您愉快購物！」這樣的經營理念使得兄弟倆的生意越做越大。

賺錢也要賺人心，做大事做到最後也是要贏得人心。只看到最後的功利，再努力也只能「小有成就」，而那些最卓越的人往往最懂得人心、最懂得回報世人和贏得人心。

給別人更多關心，關注別人的情緒和心理變化，才能夠懂得人心，贏得更多友誼、認同和尊重，最終才能成就大事。

噓寒問暖、讚揚恭維只有恰到好處才能收到預想的效果，否則只能適得其反。懂一點心理學，懂得察言觀色之術，才能巧用人心。

傾聽他人談話也是瞭解人心的關鍵，無論一個人的話有多少可信度，他的身體語言、神態是不會背叛他的真實想法的。

學會仔細觀察別人、認真傾聽別人的談話，不僅能夠贏得他人的尊重和認同，也是瞭解一個人性格和心理的重要方法。掌握這種方法，就能夠和所有人友好相處。

學會運用心理學就掌握了一把可以開啟人心的鑰匙，能準確把握他人的內心、知曉他人的需要，最終成就大業。

心理應用

（一）與陌生人初次互動時，能在第一次談話時打動對方的「心」，關係才能順利繼續下去。

（二）記住他人的名字，而且很輕易地叫出來，是給別人一個巧妙而有效的讚美。

（三）如果你真心關心對方，那麼直接表達自己的關心比其他方法會更有效果。

尋找心理共鳴——換位思考，我想和你更靠近

瑞士心理學家卡爾．榮格曾說過：「事物本身如何並不重要，重要的是如何看待它們。」學會站在別人的角度看待問題，學會換位思考，才能達成彼此尊重和體諒，才能有更多寬容。這樣說話、做事才能讓人感覺舒服、愉悅，並直指人心。受環境或者教育程度不同影響，每個人的思考方式和行為習慣是不同的。人們很難真正理解他人的感受，但至少可以做到以一顆寬容的心去瞭解和關心他人。做事之前，設身處地為他人著想一番，做到「己所不欲，勿施於人」，多去理解他人的行為，將心比心自然就更容易受歡迎，也更容易成就大事。

記得以前在公共場合到處貼著「禁止吸菸，違者罰款」「禁止踩踏草坪，違者罰款」等類的標語，然而這些情況依然屢禁不止、毫無收斂。後來根據心理學研究，人們設計「為了您和家人的健康，請不要吸菸」「小草正在生長，請不要打擾」等柔和、讓人易接

受的標語。這就是用了換位思考的心理策略——很少有人願意「為了別人」改變自己的習慣，但每個人都願意「為了自己」試試看。

日常生活中，我們不妨也試試這種方法，當一個人屢勸不聽或者一件事屢禁不止的時候，不妨告訴他「某件事是為了你自己的權益著想」。設身處地為對方著想，才能夠化干戈為玉帛，迅速消除矛盾和對抗情緒。

汽車大王福特曾說過：「如果說成功有什麼祕訣的話，那就是設身處地為他人著想，瞭解別人的態度和觀點。這樣不僅有利於彼此的溝通和理解，還可以更清楚瞭解對方的思維軌跡，從而有的放矢、擊中要害。」

生活中難免會遇到矛盾和衝突，這時候換一種角度、換一種思維，也許就會使誤會與摩擦在轉瞬間消融。當然，不僅僅是讓自己站在他人的角度設身處地為他人著想，同樣可以讓對方站在我們的角度設身處地著想一番。當你們之間的矛盾無法解決，或者觀點、認知無法統一時，不妨用平和的態度問問對方：「如果您是我，您會怎麼做呢？」

一個創意廣告進行了多次修改，仍然無法讓客戶滿意，企劃人員帶著疑問拜訪了客戶：「如果您是企劃人員，覺得怎樣才能讓廣告更令人滿意呢？」客戶果然提出了一套自己的想法，企劃人員根據他的想法另外做了一個企劃案，然後讓他人判斷哪個效果會好一些。結果，所有專業的廣告人都認為企劃人員的創意好，但所有的非專業人士都認為客戶提出的企劃案更好。廣告就是給大眾看的，最終這一次的創意得到圓滿解決。這個企劃人員還懂得了廣告不僅要用專業眼光來看，而且要更注重大眾感受，不久就因為其廣告創意貼近大眾心理而在廣告界占據了一席之地。

可見，換位思考不僅僅能夠促進人際關係的和諧，更能夠開啟成功之門，因為瞭解更多人的思考方式才能夠有的放矢，瞭解更多想法才得到更多人認同的處世方式，自然會得到更多尊重，從而更加成功。

—心理應用—

（一）當溝通無效的時候，不妨問對方：「假如您站在我的位置，您會怎樣處理呢？」

（二）當兩個人對一件事有不同的見解和做法時，不妨從對方的角度和利益出發說服他。這樣要比直接說出自己的要求更容易被人接受。

非理性定律——要一點小心思，與人溝通更順利

有這樣一句格言：「人的心和降落傘一樣，必須是開的才有用。」想要獲得他人的認同，首先必須使對方敞開心扉，才可能做到零距離溝通。在心理學研究中，心理共鳴是指人在與自己一致的外在思想情感或其他刺激影響下而產生情狀相同、內容一致、傾向同構的心理活動。

俗語說「酒逢知己千杯少，話不投機半句多」，如果話不投機，不能引起對方的情感共鳴，就難以消除人們之間的對立情緒，也就不能取得對方的信任。對方和你有心理隔閡，自然不願聽你說話、不願和你親近，這也就失去了社交的意義。在日常的交往中，很難一開始就產生共鳴，往往必須先引發對方與你交談的興趣，讓彼此更加瞭解，才能產生心理共鳴，進而贏得他人的親近感。〈觸龍說趙太后〉是《戰國策》中的名篇，文章講述了左師公觸龍說服趙太后同意以自己的小兒子作為人質的故事。秦國攻打趙國，趙國

只好向齊國求救，齊國卻提出一定要趙太后最寵愛的小兒子長安君作為人質的要求，趙太后大怒：「有復言令長安君為質者，老婦必唾其面。」

觸龍見了太后並不直接諫言，只問些太后身體可好、吃得怎麼樣、如何運動保養等老年人關心的話題，引發太后交談的興趣，緩解氣氛，然後又語氣一轉，提出為自己的小兒子謀差事，說出自己偏愛小兒子比女性還要厲害的事情，引起趙太后的心理共鳴，然後故意說趙太后偏愛自己的大女兒因為「為之計長遠」，最後才提出如果長安君沒有為國建立功勳就會在趙國站不住腳，讓太后思慮之後終於同意了他的意見。

蘇格拉底曾經說：「世間有一種成就可以使人很快完成偉業，並獲得世人的認同，那就是講話令人喜悅的能力。」這位觸龍先生能夠把位高權重的太后從憤怒說到顏色稍緩，再說到心悅誠服，其講話令人喜悅的功力可見一斑。

他引起心理共鳴的方法分為四個階段：導入階段，尋找感興趣的共同話題，觸龍面對怒氣沖沖的趙太后首先避其鋒芒，對「質子」問題隻字不提，而選擇了安全的飲食起居等太后感興趣的話題來緩解緊張氣氛，使得太后「色少解」。

轉接階段，談話不僅僅是為了聊天，要達到最後的目的就一定要慢慢轉入話題。這種轉入方式一定要緩慢，為人所不覺，否則極易引起對方的反感，融洽的氣氛就破壞了。

觸龍選擇了大話家常，說「愛子」，為自己最小的孩子安排一個位置，既合情合理又引起了趙太后的情感共鳴，然後說起趙太后哺養長安君、持燕后踵哭泣、祭祀必祈禱的種種情形，無形中拉近了兩個人之間的距離。正題階段，即曉之以理為了達到最後的說服目的。觸龍曉之以理，循循善誘，講出了愛孩子就要為孩子考慮長遠一些，讓孩子有立身之本，而不能僅僅依靠權勢和父母的道理。再結合趙國歷史因勢利導，讓太后明白對長安君的這種只顧眼前的溺愛等同於殺子，使太后陷入矛盾當中，最終同意了他的意見。怎樣巧獲心理共鳴，迅速贏得他人的親近感？首先，應創造良好的交談氛圍，尋找相互感興趣的共同話題。林肯曾說過：「我展開並贏得一場議論的方式，是先找到一個共同的贊同點。」首先避開別人的忌諱，談論兩個人都感興趣的話題，這樣才能創造良好、融洽的談話氛圍，使談話繼續下去。

打開別人的心扉靠的是情感上的共鳴，因此應找出兩個人情感上的一致性，拉近距離，比如多用「我們」等都可以引起對方的情感共鳴。

投其所好，從共同的情感或看法中慢慢說出自己的想法，讓他人看到你們之間的一致和差異並最終贊同你。有爭議才有贊同，一味的附和只能讓話題漸漸變得無聊；提出有分歧的看法並講出自己的理由，會讓對方更樂意尊重和親近你。

一心理應用一

（一）要引發對方與你交談的興趣，打開對方的心扉。

（二）不要太早暴露自己的意圖，一定要慢慢地「請君入甕」。

（三）引起心理共鳴最重要的是情感上的共鳴，理想和家人是引發情感共鳴的最好話題。

焦點效應——主角讓給別人當，自己反能贏得更多勝算

人是感性的動物。無論多麼理性的人，內心都有柔軟處。任何先進的科學儀器都無法滲透情感的領域，再理性的人當他判斷一件事的時候，也會受他的好惡情緒和是非觀念的影響。

當「以理服人」行不通的時候，「以情動人」也不失為一個好方法。從感情入手是攻取他人內心「堡壘」的一個好方法。心理學的奧妙在於「攻心」，「心」正是一個人最感性的地方。當你喜歡一個人的時候，他做的無論是多麼微不足道的事情，你都能夠找出其動人之處；當你討厭一個人的時候，無論他付出了多少，你都會無動於衷，甚至視若無睹。

每個人都是如此，會用自己的好惡去評判一切，即使非常理性的人也不能不受情感的影響。

想要成功就要熟知人心，熟悉人的心理變化、情感好惡等。人們常常憑著直覺去判斷和做事，尤其在來不及仔細思索的情況下更容易如此，如果能夠在關鍵時刻憑著情感去打動他人，將會比「以理服人」有更好的效果。

三分天下之後，曹操想確立太子，群臣都以為曹植和曹彰有更大的機會，因為曹植善文、素有謀略，曹彰擅長帶兵，而曹丕則一無所長。楊修站在曹植的身後，常常教他一些謀略甚至治國之道以應付曹操的考查；賈詡則站在曹丕的身後，教育他「願將軍放大肚量，做儒生應做的事，認認真真，兢兢業業，謹守人子的本分，如此而已。」

一次，曹操生病，藉機考查二人的應對之策，曹植在楊修幫助之下，洋洋灑灑寫了一篇治國之道；曹丕卻在謀臣的建議之下，一言不發只是在病榻前痛哭流涕，表明自己對太子的位子並不在意，而只是為父親的身體擔心，並為父親不在後國家靠誰來治理而痛哭。曹操一聲嘆息，想到曹丕對自己的孝心和政治遠見，終於捨棄了才略更勝一籌的曹植，而立曹丕為太子。

試想，如果曹丕不是「以情動人」，而是像曹植一樣用自己的經略來吸引曹操的注意，姑且不論誰更有雄才偉略，只是就本身文采而言，他的機會是不大的。

與人交往中，我們常常會犯「強辯」的毛病，非要與人一爭長短，想以自己的理由來說服別人，卻常常被別人的理由打敗。人既然是非理性的動物，那麼，從感情入手攻入別人的內心「堡壘」似乎更加容易。

和對方建立良好的關係，讓他對你產生好感，那麼無論是求對方做事還是說服對方，就有了一份面子；做事能夠引起對方的感動，就多了一份勝算；能夠化解對方的對立和敵意，就能夠讓對方平靜下來，更理智地處理事情。

年輕的李小姐開著一家小型的公關公司，她希望張老闆能夠把他公司的公關工作交給自己，但多次說服都沒有效果，因為張老闆不放心這家不起眼的小公司。李小姐花費了無數心思，終於掌握到張老闆的生日就在不久後的某一天，於是提前向他預約那天來談事情，結果張老闆一到就看到處處擺滿了花籃和氣球，桌上擺著蛋糕和香檳，自己的太太和公司的高階員工都被邀請來參加生日宴會。因為忙碌而忘記自己生日的張老闆立即被感動了，豎起拇指對李小姐說：「沒想到小丫頭還真有一套！」於是放心地把公司的公關業務都交給李小姐打理。

當原則、利益、法律這一切理性的東西都失效的時候，不妨從感情入手來打動對方，這樣能夠讓對方感動或愉悅，那麼你的勝算就大了不只一籌。很多事情透過他們本人做不到，但往往能夠透過他們的家人、朋友達到目的，這也是利用了人的非理性因素。

無論什麼人，只要對你產生了好感，那麼即使他在這一次拒絕你，也會在下一次補償你。他人的好惡或多或少決定你的社交、成功之路是否順利，所以一定要讓更多人對你產生好感、願意幫助你，這樣你才可能有更大的成就。

心理應用

（一）不要試圖與人爭辯，有些時候是非對錯沒有他人的好感來得重要。

（二）「以理服人」行不通的時候，學會從對方或者他身邊的人入手，「以情動人」更能夠打動人心。

第二章
人際交往的心理學

相悅定律──想與人親近，先大方釋放出你的友善

哲學家伯納德．威廉士曾經說過：「人性中最強烈的欲望便是希望得到他人的敬慕。」可見，想要得到別人的喜歡就要首先敬慕和喜歡別人。當你滿足了別人的交往需要，也就滿足了自己的需要，這就是相悅定律。

相悅定律在心理學上的定義是指人與人在感情上的融洽和相互喜歡，這種喜歡是相互的、互動的。如果一個人的喜歡不能夠引起另一個人的熱情回應，很快這份喜歡就會變冷，原本的好感也會消失。這就像一個人和對方打招呼，久呼不應，哪個人會繼續呼喚呢？

所以，喜歡引起喜歡，討厭就會被討厭，歡迎就會被歡迎，尊重就會被尊重，人類的情感都是相互的。人們常常說「士為知己者死，女為悅己者容」，人人都會被自己喜歡的人感動，為喜歡自己的人做事。

相悅定律在人際交往中發揮著重要作用，人們總是喜歡那些可以為自己帶來快樂的人。如果在交往中能夠為別人送去歡樂，就會有一種力量促使對方主動接近你、瞭解你、信任你，繼而和你成為朋友，而如果你的言行無論是有意還是無意地使對方覺得反感或者尷尬，就會促使對方討厭你。

西方有一個「免費擁抱運動」（Free Hugs），即人們走上街頭擁抱每一個行色匆匆的人，用自己的愛心和擁抱去化解人們之間的冷漠，讓更多人享受快樂和溫暖。向世界推行這個活動的是美國人傑生．亨特。亨特在母親的葬禮上知道母親用溫暖和愛幫助了很多人，而他當時也需要他人的溫暖來緩解喪母的悲痛。因此，亨特做了個寫著「真情擁抱」的紙牌走上家鄉的大街。從那一天起，「Free Hugs」這個關於愛和分享的運動開始在全美國蔓延。情緒是可以傳染的，每個人都可以從對方釋放的善意和喜歡中得到喜愛和尊重的訊息，然後再傳播給對方，而且他們之間的善意還會把愉悅和熱情帶給周圍的人，就像閒聊中的兩個人的愉快心情和笑聲會引起第三者的好奇和愉悅一樣。常常遇到這樣的狀況，起初只是兩個人聊得非常投機，後來發現第三者加入進來，然後漸漸地形成一個中心，一群人聽著其中的一個高談闊論，最後每個人都度過一個美好的下午。

可見，相悅定律並不僅僅適用於兩個人，在群體之間同樣適用。很多行銷領域的佼佼者都把「相悅定律」運用到自己的工作之中，首先用心去感受顧客的需要，瞭解顧客的興趣愛好，喜歡的談話方式和感興趣的話題等，透過這些拉近彼此的心理距離，順利讓客戶喜歡上自己，繼而對自己推銷的產品感興趣。真正將注意力放在對方身上，你就能找到他喜歡的、雙方都感到舒服的相處方式。比如，表示出對對方的欣賞、真心實意的讚美、談論對方感興趣的話題、提供對方需要的東西等方式都能夠引起對方的認同和喜歡，達到人際吸引的目的。但是，愉悅對方的同時也不要忘記愉悅自己，因為只有你同時也感到愉悅才能促使自己增加和對方的交流。如果一味討好和奉承別人反而會受到別人的輕視，你自己也會感到無聊而疏遠對方。

但是，一個人絕不能僅僅受「相悅定律」的驅使，否則就會被阿諛奉承者包圍。嘗試與自己不喜歡的人交往，這樣才能保持理性；聽得到批評、聽得到不同聲音才能成長。但是一定要杜絕和那種「反對每個人」的人交往，因為這種人往往用反對來引起別人的好奇和興趣，實質上和「阿諛奉承的小人」是一類人，並不是真正有分辨能力的人，跟這種人密切交往只能讓你也變成一個「反對每個人，也被每個人反對」的人。

一心理應用一

（一）用友善的態度對待他人，不要輕易批評任何人。

（二）增加對他人的欣賞和讚揚，努力做到喜歡他人。

（三）在交往中一定要保持理性，不要掉進相悅定律的深淵。

（四）可以利用兩個人的相悅定律帶動更多人喜歡自己。

首因效應——第一眼的印象，默默決定了很多事情

通俗地說，首因效應就是第一印象對人產生的影響。

心理學研究發現，與人初次見面，四十五秒鐘內就能產生第一印象，而且這種印象往往先入為主，對一個人在他人心目中的地位能產生較強的影響且極不容易改變。

這就是為什麼好多人提到一個名字首先會想起一個模糊的印象。這個印象摻雜著對對方的好惡，很可能與現實不符，但除非長時間持續接觸，否則你根本無力改變它。

心理學家曾就此現象做過一個實驗：把若干人分為甲乙兩組，讓他們看同一張照片，然後對甲組表明他是一個罪犯，對乙組則表明這是一位德高望重的科學家。讓被試者根據照片上人的外貌特徵來分析他的性格。

結果，同樣深陷的眼睛、深沉的目光被甲組評為藏著險惡用心，被乙組評為思維深邃；同樣高聳的額頭被甲組分析為死不悔改的決心，被乙組分析為「上下而求索」的堅定

意志。

可見，人們深受心理思維的影響，如果人們第一印象對此人有好感，在以後的瞭解中也會挖掘對方的美好品質；如果第一印象就厭惡對方，則會在繼續的交往中驗證其惡劣的品格。

哪些外部特徵影響第一印象的產生呢？

心理學家認為，第一印象主要受一個人的性別、年齡、體態、衣著、姿勢、談吐、面部表情等「外部特徵」影響，還會受個人資料和權威人物的評價影響。比如，在面試中，不論他們學業如何，國立大學的畢業生會比私立大學的畢業生更受重視、更有競爭力。

首因效應還是一種優先效應。在快節奏的現代社會中，人們沒有時間去瞭解與自己接觸的每個人，自然更不會浪費時間去了解一個留給他厭惡印象的人。

每個人在第一次進入某個場合時，都應該保證自己的形象鮮明立體，讓人留下完整、清晰、美好的第一印象。這就要求人們借助高品味的穿著、得體的妝容、優雅的舉止、風趣的談吐、怡然自得的微笑等方式，來讓別人留下美好的第一印象。

在面試、初入公司、宴會等初次互動的場合，更應該將自己最鮮活光彩的一面呈現給陌生的朋友。在著裝上更是不可馬虎，因為在開口之前，服裝就是你的形象符號，透過它可以看出你的性格、品味等。服飾一定要得體，除了非常正式的場合，沒有必要過於莊重，否則反而顯得見識淺薄。

在某著名學府或大公司學習、工作過的經歷，某權威人士的好評或推薦等，都可以為你的第一印象加分。當然，對於研究生或者著名學府的學生，人們會把更多注意力放在其真才實學上，除外部印象外，還會給予其更多的審視和考驗。

因為一樁意外，王浩進入面試辦公室的時候，本來其貌不揚的形象變得更加邋遢，但無奈在別人面前整理形象更是不禮貌、不雅的，他只好硬著頭皮走進了辦公室。主考官看到他這個形象本想直接淘汰，但考慮到他有知名大學畢業的背景，決定再觀察一會兒，只見他鎮靜自若地拉開椅子坐下，然後用真誠而歉意的語氣說：「我太冒失了，但請容我自我介紹一下。」

看到他毫不扭捏又自信的神態，主考官決定給他機會，然後問了他幾個較為專業性的問題，王浩回答得頭頭是道，這時候主考官已經對他產生了好感並問：「我能問問你為什麼搞得這麼狼狽嗎？」王浩坦然解釋了意外的經過。經過一番談論，主考官看到了他非凡的鎮靜和應變能力，主動留下了他。

每個人都希望讓人留下美好的第一印象，但意外隨時都可能發生，衣服可能因為不小心碰撞而灑上水、飾物可能不小心破裂、鞋子會蒙上灰塵你還不自知，這時候就要依靠優雅的舉止和鎮靜自若的神態來贏得別人的好感，那麼這時候，意外就會變成你的「優勢」。

心理應用

（一）得體的服飾、優雅的舉止，會讓人留下美好的第一印象。

（二）發生意外一定要鎮靜，鎮靜而機智的解決方式可以讓人忽略形象的損失。

（三）首次進入社交場合，最好能夠得到主人的介紹。不能僅憑第一印象妄加判斷，以避免第一印象帶來錯覺，誤交奸人。應秉持「路遙知馬力，日久見人心」的原則，理智交友，不要僅憑第一面的喜惡來決定，以免錯過很多朋友。

近因效應──同時有好壞消息要宣布，你該先講哪一個

近因效應是心理學上的一個概念，即在人際交往的過程中，對他人最近、最新的認識往往占據主體地位，與首次見面時間間隔越長，近因效應就會越明顯。

想一想，你對遠去的朋友最深刻的印象是不是他揮手離開的那一刻？分手的男女朋友，記憶是不是停留在最後一次爭吵？即使好得像雙胞胎的「閨密」也會因為近一次爭吵而冷漠生疏，甚至怨恨對方？德高望重的大師是不是因為一次流言詆毀使人們議論紛紛？

這表明如果最近的表現不好，以前的努力也會被大大稀釋。一次戰敗會讓以往的功績全部灰飛煙滅；一次犯錯也會讓所有的努力付諸流水；一次爭吵可能把友誼變成仇恨。

與人交往中，如果不能夠使人留下鮮明深刻的第一印象，那麼不妨利用近因效應，跟對方多多接觸，讓對方一點一滴感受你的誠意和美好，這樣也能夠扭轉他人對你的不良印象。這種扭轉過程是非常漫長的，需要慢慢滲入，在跟對方達到一定熟悉程度之前，

最好不要放棄，更不要惹惱對方，否則極可能失去一個朋友，使原本的努力也化為泡影。

心理學研究還表明，在人與人交往的初期，首因效應的作用更明顯，但彼此熟悉以後，近因效應的作用逐漸顯現。和陌生人交往，最好能夠留下良好的第一印象，起碼不要引起他人的厭惡，否則別人很可能把你拉進黑名單，更多的糾纏只能讓你顯得更討厭。

如果對方對你印象很差，不妨讓自己在對方的目光中消失一段時間，然後以嶄新的姿態出現，這樣更容易得到對方好感。如果對方不是那麼厭惡你，只是印象不太好，就可以嘗試慢慢和他往來，時間長了，就會讓他逐漸忘記不良的第一印象。對他人最新、最近的認識往往會占據主體地位，人們對你的認識也是逐漸改變的，只要有足夠的時間，你的優點和缺陷會一一呈現在對方眼中，但最好不要和他人發生衝突，否則損失的永遠是你自己，和老朋友之間更是如此。當自己情緒不定或者與他人發生矛盾時，最好不要陷入爭吵，一定要等到心平氣和時，再處理人際間的紛爭或者難處理的事情。

古往今來，很多名人都特別會利用近因效應。曾國藩鎮壓太平天國時曾經一直處於劣勢，吃了不少敗仗，然而他在向朝廷上報的奏摺中有技巧地寫道「湘軍屢敗屢戰」，生生將一個敗軍之將扭轉為英勇作戰、百折不撓的英雄，他並沒有撒謊，只是利用一點小技巧，讓可能到來的震怒變成了對他「忠心可嘉」的表彰。

生活中也是這樣，一段話的中心往往被人忘記，而最後的結尾卻更容易讓人記憶深刻。所以，如果想要批評一個人，不妨在後面加上對他所做努力的肯定，這樣就可以消除批評帶來的負面情緒，緩解兩個人的對立關係。比如，在一段嚴厲的批評後面加上一句「不要難過，錯誤只是偶爾的，你還是非常有希望的」，就可以鼓勵對方、消除隔閡。

當然，近因效應雖然決定了最清晰、最深刻的印象，但這不一定是最正確的，所以我們不必為了一次誤會或矛盾而否定對方的所有努力，一定要在心平氣和的狀態下做決定。

心理應用

（一）不要輕易和他人產生矛盾，否則多年的友誼也會毀於一旦。

（二）如果留給別人不好的第一印象，不要放棄，慢慢和他熟悉起來，近因效應就會漸漸發揮作用，最終扭轉別人對你的印象。

（三）嚴厲的批評之後一定要有安慰或者讚揚之語。

（四）當有一個好消息和一個壞消息要同時宣布的時候，最好先宣布壞消息。

費斯諾定理——我想傾聽你，因為我很重視你

希臘哲人大多討厭饒舌之徒，而喜歡謙虛傾聽的人，凱隆曾說過這樣一句話：「不要讓你的舌頭超過你的思想。」英國航空公司總裁費斯諾提出了費斯諾定理：人有兩隻耳朵卻只有一張嘴，這意味著人應該多聽少講。傾聽是溝通的基礎，別人樂意向你傾訴，說明他信任你。樂意傾聽才能瞭解他人，保證暢通的溝通。

傾聽是成功交往的最優策略，是打開他人心靈之門的鑰匙。成功交談的祕密在哪裡呢？著名學者查爾斯．艾略特說：「一點祕密也沒有……專心致志地聽人講話是最重要的，什麼也比不上注意聽，更能表達對談話人的恭維了。」在交往的過程中，你會發現每個人都希望可以興致勃勃地講出自己的旅遊經歷、感興趣的運動、某次成功的歷程，越是平凡的人越是願意表達或者吹噓。這是因為每個人都希望得到別人的尊重和重視，而人們都認為「說」就是實現這一目標的方法。其實不然，既然每個人都有傾訴的欲望，

那麼，「聽」才是實現人際交往的最好方式。

卡內基說：「對和你談話的那個人來說，他的需要和他自己的事情永遠比你的重要得多。在他的生活中，他要是牙痛，要比發生天災導致數百萬人傷亡的事情還要重大；他對自己頭上小瘡的在意，要比對一起大地震的關注還要多。」願意傾聽別人的談話，善於傾聽別人的意見，是對他人的一種重視，同時還能夠贏得他人的尊重。每個人都需要別人的認同和尊重，好的傾聽態度是對別人的一種認可，是一種讓人最舒服的恭維方式，每個人都會喜歡專心致志聽自己說話的人。

職場新人小李是個不太善於言辭的人。他給大家的印象是沉默寡言，但往往一語中的，很受大家的尊敬。一次聚會中，他被引薦給了熱情的女主人，他不善於應付這種場面，只得庸俗地先讚美女主人的美麗，這時這位風情萬種的女主人下意識地摸了一下耳朵，小李立刻注意到原來她的藍寶石耳墜非常特別，立刻說：「尤其是這對耳墜，非常特別，應該不是在國內買的吧？」這馬上引起了女主人的談興，原來這對耳墜是女主人留學國外時購買的，繼而談起了她留學時的趣事。小李一邊傾聽，一邊詢問幾個能夠引起對方談興的話題，果然贏得了女主人的好感。

可見，虛心傾聽對方的講話可以獲得對方好感，並提高對方講話的興致。一個人願意向你傾訴，表明他對你有一定程度的信任。同時，如果一個人願意聽你訴說，你常常很難拒絕他的要求。傾聽是溝通的基礎，能夠將別人的話聽到心裡且為對方保守祕密的人，別人會給予你最大的信任和尊重。同時，傾聽不同的意見還有益於自身的改進。人們常常說「兼聽則明，偏聽則暗」，就是要求人們應該聽取各方面意見，不要偏聽偏信，更不要固執己見。

傾聽還是瞭解一個人的重要途徑。瞭解了對方的心思、興趣愛好、原則觀念才能夠在談話中投其所好，不觸碰對方的禁忌，更快打開他的內心。一個人的語言和內心往往是相互映射的，透過他的談話往往能夠窺見他的內心，更容易和一個人發生精神層面的交流，這樣產生的友情必然不會是泛泛之交，雙方都能夠從交往中得到更多益處。

傾聽也是要講求藝術的，心不在焉地聽和似是而非地敷衍，只會讓對方認為你心機重重或者另有所圖。很多時候，人們並不要求你給出一個解決方案或者能對事情有多大幫助，只是希望把心裡話傾訴出去，減輕內心的負擔而已。

—心理應用—

（一）傾聽一定要真誠，如果一邊想著晚上回家做什麼飯，一邊聽別人的談話，是達不到應有的效果的。

（二）要一邊傾聽一邊思考，很多時候，談話都是有言外之意的，尤其在一些重要的交際場合。

（三）一味傾聽往往會被人認為態度敷衍，應該對對方的話題有一定的回應，比如重複對方的一句話，或者用更簡明的語言把對方的話解釋出來，這都更能引起「惺惺相惜」之感。

第三章

保護自我的心理學

釣魚效應——保護自我的心理學

假如某樣東西能滿足一個人最強烈的內心需求，無論那是不是陷阱，他都很容易進入這個圈套。正像釣魚一樣，把魚餌放到魚的面前，魚就會去吃，因為這是牠最喜歡吃的東西。如果魚真的吃了，就會上當受騙，走上死亡之路，因此，人們形象化地稱這種現象為「釣魚效應」。

生活中，很多人都會不自覺地運用釣魚效應，比如孩子沒有食欲時，煮他最愛吃的食物，用氣味引誘其食欲；故意遮遮掩掩地進行某項舉動，只不過是為了引起大家的注意；說話僅說一半，引起別人的猜測和興致；送別人他最喜歡的小禮物，以達到自己的目的；運用別人的好奇心推廣更好的產品和想法等，這些都是釣魚效應的積極運用，但是釣魚效應也有它的負面影響。人們常說「好奇心害死貓」，擁有九條命的貓尚且會被無止境的好奇心害死，何況是人呢？巧巧前幾天去市場閒逛，看到某個攤位前有很多人圍觀，於是擠進去看到底販售的是什麼。攤子老闆介紹說是藏紅花果，有補血補氣、美容養顏的作用，但非常貴，一斤就要人民幣一百元。巧巧感覺很新鮮，於是買了一些回家，但吃的時候感覺太甜，味道不太像滋補品，於是上網查閱相關資料，結果查到「藏紅花是一種藥材，但根本不結果，那些所謂的『藏紅花果』是不知道用什麼做成的果乾」。這根本就是一場詐騙，利用的就是人們的好奇心理。

這樣的騙局其實每天都能碰上幾個，只有有所戒備，警惕他人設下的「局」，才可能從中脫身。好奇心人皆有之，稍微有一點常識或者觀察一下周圍人的反應，就可以明白過來。在上面事例中，凡有常識的人都知道「藏紅花是一種藥材」，只有藥店才會販售，那麼，假如有「藏紅花果」的話，怎麼可能在市場上大肆銷售？況且藥材都是論兩的，怎可能按斤喊價？什麼滋補品居然有大批人圍觀？為什麼有人圍觀卻無人購買？只要稍作分析就能明白。

「糊弄」畢竟是經不起分析的，往往越是新鮮、刺激的物品和項目越有無數人為之吹噓，越有人巧言令色，那麼就應該警惕，避免吃虧上當。

還有些人利用別人強烈希望得到的心理需求來設局，即使你並不餓，也會因為眼前擺著美食而嘴饞；就算你有再多華服美飾，也會因眼前華美的鑽石而眼花；即使你並不缺錢，也會因為桌上擺著大量現金而心中發癢；即使你有一輛車，也會因為一部好車而心動。把那些引起你「心癢」的東西放在你的眼前，就會刺激起你的強烈欲望，這就是使人上當的伎倆。

很多貪汙腐敗正是因為別人有心的「釣魚」而最終落網。每個人都有貪心，在拿取之前不妨想一想，你是否支付得起貪心的代價，而那些所謂的「禮物」是真正的禮品還是釣餌。

一心理應用一

（一）冷靜思考。釣魚效應運用的無非是人們的好奇心理和需求心理。要引起人們的好奇心，或者會選擇新穎的、奇趣的、異樣的特殊刺激物；或者說話只說一半；或者行為留下一個懸念、包袱，但只要細心思考、冷靜判斷，很容易就能夠破除對方的騙局。

（二）當你發現自己的需求被激發起來時，應留心一下，自己在對方向你展示「魚餌」之前有沒有那麼強烈的需要。不必要的需求是人們上當的第一步，想一想你為自己眼前的需求要付出的代價，想一想「天下沒有免費的午餐」，被刺激起來的需求就能夠得到收斂。

（三）「釣魚者」所下的誘餌必定是你最喜歡的、為你量身訂作的。當你發現「正想睡覺時，送來了枕頭」，就應該警惕，是不是因為「枕頭」引起了你的「睡意」。「恰巧」很可能來自「有心」，不得不防。

簡單聯想——保持理智，避免掉入各種話術和圈套

簡單聯想是人類心理條件反射的一種表現方式，即反射行為是由簡單的聯想引發的。舉個例子：你去百貨商場選擇一款電動刮鬍刀時，你是以什麼做為挑選標準的呢？有人說是價格和品質。價格顯而易見，但對於產品品質的好壞，你是依據什麼來斷定的呢？大概有以下幾個答案：品牌、價格、經驗等。這些都是簡單聯想引發的，假如有幾款同類產品同時出售的話，人們大概會下意識地認為價格最高的那種品質最好。

銷售商們都明白這個道理，所以他們常常會把商品的價格提得很高，或者做出大量的宣傳。當然品質也會做出提高，畢竟還有人是依據經驗來判斷物品的。提高價格的策略對奢侈品而言尤其重要和有效，因為真正擁有奢侈品購買能力的顧客是不會在乎一點點差價的，但可以藉此來展現他們良好的品味和購買力，顯示自己更高的地位。

購物時，我們更應該根據自己以往的經驗，而不要單純去相信品牌或者價格，因為

價格並不一定與價值一致，也不一定和品質相關。尋找適合自己生活的物品，才能保證不落入商家的圈套。

對我們來說，單純聯想不是一種好現象，因為你常常會因為這種原因而落入各種陷阱。比如，偶爾的一次上當受騙或者失敗會引起恐懼和多疑等情緒，讓你產生心理障礙，從而不敢多加嘗試，錯過無數機會。而對以前成功的簡單聯想，則可能使你陷入盲目樂觀的境地。

無論對於成功還是失敗，我們都應該保持一定的清醒，仔細分析偶然性在事件中的比率。很多人都熱衷賭博，其實賭博這種東西很少有贏的可能，這是每個人都懂得的道理，可是很多人還是熱衷於此。為什麼呢？無非是在賭博的初期你可能贏過幾次，於是這種虛無縹緲的聯想致使你願意冒險。當然也不排除初次去賭場的客人會被「設下陷阱」，先使其痛快地贏幾次、相信自己運氣好，然後再把他口袋裡的錢敗光。

怎樣走出簡單聯想的誤區呢？要知道這個陷阱不是任何人布下的，而是你自己的大腦和心理的盲區，通常都是你自願跳下去的。所以，最重要的是要理智清醒，不要誇大直覺的作用，更要注意行為中的危險因素，時刻保持理智才能避免落入簡單聯想的陷阱。

一心理應用一

（一）應該時刻警惕，不要讓簡單聯想左右自己，盡量不要使自己出現認知上的錯誤，而要根據以往的經驗和客觀的分析來做出理智的決定。

（二）在對一件事情進行決策時，不僅僅依賴過去的成功經驗，還要分析這次將遇到的風險和環境與過去是否相同，成功的把握有幾分，然後根據事實來做出判斷。

從眾心理——無法獨立判斷，你就只能被牽著鼻子走

法國昆蟲學家法布爾曾經做過這樣一個實驗：他把很多松毛蟲放在一只花盆的邊緣，讓牠們首尾相接成一圈，然後在不遠處撒了一些松毛蟲喜歡吃的松葉。接著，松毛蟲開始一個跟著一個繞著花盆一圈又一圈地走。直到七天七夜後，松毛蟲在飢餓和勞累中盡數死去。這就是自然界中的「從眾效應」——後面的永遠跟隨前面的，不會脫離隊伍。

從眾心理是大多數人普遍的心理現象，是指個人常常會受到外界群體的影響，而不能保持獨立性，使自己的知覺、判斷、認知都因為符合公眾輿論而出現扭曲。很少人能夠不「被從眾」，但不顧是非曲直的一概服從多數、跟隨潮流走是不可取的。有學者曾經進行過從眾心理的測試，結果表明，人群中只有二五％至三〇％的人能夠保持其獨立性，大多數的人都會「跟隨潮流」。現實中也不乏這樣的場面，就算一個人面對一個空無一字的布告欄發愣，也會引發不少人的隨從，然後引來更多人的猜測和圍觀，周邊的人群甚至

會因為人們的圍觀而擠進去看得津津有味，雖然不知道看些什麼。如果你認為這只是極端現象的話，那麼你有沒有遇到過以下情況？

當銷售員介紹「這款上衣是賣得最好的，都進過兩次貨了」時，你會馬上掏錢包買上一件；即使是一件很不重要的小事，也會因為網友的「炒作」而變得非常轟動；利用廣告先將自己的商品「炒熱」然後再上市；媒體常常大肆「渲染」某種情緒或者某個事件，以至於眾人「盲從」、群情激憤。這種不加思考、跟隨潮流、跟著眾人走的盲從現象，就已經是不健康的心態了。產生從眾心理的因素有很多，一方面在群體中，如果有人標新立異、與眾不同，就很容易遭到眾人的孤立；另一方面，人們會因為與別人的意見、態度不同而對自己產生懷疑，或者沒有安全感。從眾心理源於群體對自己的無形壓力，或者一種追求安全的心態。但是跟隨眾人就一定「安全」嗎？並不如此，起碼死亡的松毛蟲告訴我們，盲從導致的很可能是集體的毀滅。再者，「真理往往掌握在少數人手裡」，這些少數人如果能夠堅持下去，往往最終成為「真理預言者」，成為眾人的「權威」。用自己的理智去判斷，用心去思考，堅持自己的意見往往有著非凡的意義，尤其對於「成大業者」來說更是如此，首先要忍受孤獨和內心的煎熬才可能最終獲得認同。

盲從往往導致失敗或者陷入陷阱。物理學家富爾頓就曾經因為「盲從」失去了爭取榮譽的可能。富爾頓曾經在研究工作中測量出固體氦的熱傳導度，測出的結果比傳統理論計算出的資料高出五百多倍。這個差距實在太大了，富爾頓不敢公布出去，他怕會被人視為故意標新立異、譁眾取寵。但不久之後，另一位年輕科學家也在實驗中測出了固體氦的熱傳導度，資料與富爾頓測出的完全一樣。這位年輕科學家公布結果後，很快在科學界引起廣泛關注。富爾頓後悔莫及，如果不是因為自己的「恐懼」和「盲從」，絕不會失去本應屬於自己的榮譽。

心理應用

（一）要學會克服消極的從眾心理，最重要的是要學會獨立思考。

（二）無論是不是眾人的意見和態度都不要盲目跟從，也不要盲目反對，不要把自己固定在某個立場上，而是要遵從事實和真理，遵從自己的原則，獨立思考。

（三）要學會忍受孤獨和側目，很多人擁有自己的想法，但因為不願標新立異、不願被孤立而選擇「盲從」，這種盲從最容易導致失敗。

暈輪效應——花俏的宣傳手法往往暗藏各種小心機

暈輪效應是指人們對他人的認知首先是根據個人的好惡得出的，然後再從這個判斷推斷出此人的其他品質，但這是一種誇大的社會印象，往往以偏概全，使人們認識失真。因為對這個人的評價是由最初印象決定的，而並非是對方的真實品質或者整體品質，往往會識人不清。

大文學家雨果的名著《海上勞工》正是講述了這樣一個故事：主角吉利．亞特因為深居簡出被人們稱作「魔怪吉利．亞特」，而被誤認為是「巫師」一般神祕而邪惡的人物；而邪惡的克呂班船長則利用提醒船主他的合作者是個詐騙犯、歸還很久以前欠的一筆小錢等小事，來證明自己是一個正直而值得尊重的人。人們往往透過別人一般的善行或自己的好惡而認識他人，利蒂埃利船主也犯了這個錯誤，他將自己的船交給了克呂班，邪惡的克呂班則故意把船撞在了礁石上，拿著詐騙犯的錢企圖逃之夭夭，幸而危船被吉利．

亞特救了回來，才解救了船主的財產。現實生活中也有不少這樣的例子：本以為是與自己親密無間的好姐妹，卻把自己的隱私到處宣傳；看似親切、隨和的前輩卻陷害自己；本以為是非常誠懇、正直的一個人，能力居然如此差勁。這就是「暈輪效應」所產生的誤差。

因為對對方的印象是根據對方的某種特定品質得來的，所以常常以偏概全，很容易出現偏差。心懷不軌的人也很容易利用這種「暈輪效應」迷惑你，從而設置陷阱。

艾麗是剛剛進入職場的新員工，同事小紅帶她熟悉環境並適當指引她一些工作和人際交往的竅門，告訴她整間辦公室誰可信任、誰需要提防。艾麗對她非常感激，認為小紅非常親切、誠懇。小紅同時利用艾麗犯錯時跟上司講情的方式贏得了艾麗的好感，但這僅僅是一個陷阱而已，不久艾麗就發現自己的創意被小紅竊取了，憤怒之下她和小紅鬧翻。後來才知道，原來她是個「慣犯」，幾乎所有的新員工都被她竊取過工作成果。

其實，假裝的就是假裝的，不可能毫無破綻，比如，對方在辦公室中的人際關係是否和諧；她對自己是否刻意接近；她贏得自己好感的方式會不會讓人覺得虛偽，這些蛛絲馬跡都能夠指向她性格上的缺點，只不過有些人被表象蒙蔽了雙眼，才會出現識人不清的錯誤。

「暈輪效應」還會導致另一種結果，就是對別人片面的認識並不一定是他人的刻意偽裝，而只是從你自己的好惡來感知他人，僅僅抓住事物的個別特徵而對其全部特徵下的結論。這常常會導致一個人被別人片面的優勢或者一時的好惡所左右、迷惑，從而做出錯誤的判斷。

《韓非子．說難》中有這樣一個故事，衛靈公一開始非常寵信弄臣彌子瑕。彌子瑕的母親病了，彌子瑕得知後立刻偷了衛靈公的車子回家看望母親，衛靈公卻誇獎他孝順父母；彌子瑕和國君一起遊園，摘了個桃子，感覺非常甜，就把咬過的桃子分給了衛靈公，衛靈公讚他有愛君之心。但後來彌子瑕不受寵了，衛靈公則把這兩件事拿出來，說他有「欺君之罪」，偷乘國君車輛應將腳砍掉；把吃過的東西獻給國君是對國君的不敬。明明相同的一件事，卻因為個人的好惡做出不同的處置，這就是「暈輪效應」導致的結果。

心理學研究表明，一個人對他人的偏見常常會得到「自動」證實，比如如果你對他人懷疑，就會覺得對方總是鬼鬼祟祟或者正在進行某種陰謀，而對方往往能夠感知你這種情緒，並開始戒備和疏遠你，對方的這種情緒又加深了你對「這個人不可靠」的印象。這種惡性的循環勢必使你的偏見越來越深。

一心理應用一

（一）當你一直看不慣某個人的時候，不妨理智地檢討一下自己的心態，不要在懷有成見的基礎上審視他人的行為。

（二）與人交往的初期，最好不要對別人輕易下結論，這是避免受「暈輪效應」影響。否則，對方以後的所有行為都將證明你所下的「片面結論」，使你失去朋友或者落入陷阱。

嫉妒心理──了解自己多一點，避免被人有心煽動

華倫．巴菲特曾經不只一次說過：「驅動這個世界的不是貪婪而是嫉妒。」嫉妒一詞在字典中的意義是「人們為競爭一定的權益，對相應的幸運者或潛在的幸運者懷有的一種冷漠、貶低、排斥甚至是敵視的心理狀態」。

這種情緒常常為人們帶來各種壓力、心理挫折感和怨恨，最終使人失去理智，失去朋友，而最終也會由他本人嘗到最後的苦果。嫉妒往往會伴隨著自卑、傷心、不安、焦慮、恐懼等負面情緒，使人非常痛苦，折磨人的心志，同時，人的報復心理又決定了他一定會採取措施對該人進行人身傷害或者財物破壞、言辭傷害等。嫉妒是人的普遍心理，這種心理不僅是危險的，後果非常嚴重，並且也是不可避免的。

日常生活中，我們常常看到這種現象，人們常常對身處同等職位但薪資較高的人不服氣，並處處中傷或者猜測其中隱情；兩個極要好的朋友，一個突然間有了一筆小錢或者

有了某種榮譽，另一個就會離他越來越遠，甚至陷害他；兩個人互為競爭對手而且能力不相上下的話，其中一個（通常是能力差一點的）會拚命找另一個人的麻煩，這就是嫉妒引發的惡果。

嫉妒內潛藏著對他人幸福的破壞傾向，並對自己所謂的不幸深感無奈，所以嫉妒的人既是可怕的也是可憐的。要避免嫉妒，就要盡量不被他人的吹噓之言所擊倒。自信的人往往深信雖然對方比自己處境優越，但自己必定有對方不能及的地方，因此對於他人的優勢和吹噓只不過一笑置之，並不會因此造成多大傷害。要提防的反而是那些故意吹噓或顯示自己的優勢、企圖引人嫉妒的人，他們善用人性中的陰暗面，利用自己的飛揚跋扈或者吹噓顯示自己的優勢引起他人的羨慕嫉妒，使人出現心理失衡。秦檜當宰相的時候，皇后召他的夫人去皇宮赴宴。皇宮中自然不少珍饈佳餚，尤其有一道清蒸淮河青魚非常味美而珍貴，即使貴族也很少吃到。於是，皇后問秦夫人：「你吃過這種魚嗎？」秦夫人不明就裡，炫耀道：「我常常吃這種魚，比這條還要更大。」皇后的臉色很不好看。回家後，秦夫人對丈夫講了自己的所作所為，秦檜一聽臉色就變了，又生氣又擔心：「你怎麼這麼不懂事？」於是，只好派人找來十幾條相似的魚送去，魚雖然個頭很大，但卻是非常普通、低賤的魚。皇后見了才哈哈大笑，說道：「我說他怎麼可能有這麼多青魚，原來是他老婆把魚搞混了。」

炫耀或者吹噓常常引起他人的嫉妒，無論對於被嫉妒的人還是嫉妒他人的人都會引起不必要的麻煩，所以做人要低調內斂，不可輕易吹噓炫耀，以免引起他人的心理不平衡和嫉妒報復。面對他人的吹噓炫耀則要冷靜，不可輕易起嫉妒之心，即使有也要及時克制，將嫉妒的危險性降低。

一心理應用一

（一）他人擁有的強項不一定是你也需要具備的，你也有自己的優勢，比如諸葛雖然謀略上更勝一籌，但在帶兵打仗上絕對不會強過周瑜。

（二）嫉妒心理是每個人都有的，但做事必須有自己的原則和底線，這就不會做出令自己後悔的事情來。

（三）無論對方怎樣優越，不可因為別人而讓自己心中焦慮、憂憤、壓力過大。

人言可畏，謹言慎行，小心躲開流言的無差別攻擊

魯迅曾經說過：「在我一生中，給我大的損害並非書賈，並非兵匪，更不是旗幟鮮明的小人，乃是所謂『流言』。」「流言」的意思是廣為流傳但毫無根據或來源的說法。但這種毫無根據的流言卻往往給人最大的傷害，尤其是對那些極為重視他人評價、注重名譽的人更是如此。

魯迅一生，在生活、學術、政治各方面都受過流言的攻擊。在家庭生活中，魯迅本來和兄弟住在一起，但不久後弟弟周作人突然決絕地寫信給他：「不要再到後面院子來。」郁達夫曾在著作中說道：「周作人的那位日本夫人，甚至謠言魯迅對她有失敬之處。」令魯迅百口莫辯，兄弟失和。在文學領域，曾有流言說他的《中國小說史略》是「整大本的剽竊」，是根據日本人鹽谷溫的《支那文學概論講話》裡面的「小說」一部分而寫，直到十年後，魯迅的這本書在日本出版，才擊散了流言。在政治上，更有諸多人

汙蔑他「是政府和民族的罪人」，讓反動派有了殺害他的藉口。

雖然魯迅反覆申明自己不會因此生氣或者懊惱，但流言的陰影籠罩了他的一生。他的母親在魯迅逝世後說道：「大先生所以死得這麼早，都是因為太勞苦，又好生氣。他罵人雖然罵得很厲害，但是都是人家去惹他的。他在未寫罵人的文章以前，自己已氣得死去活來，所以實在是氣極了才罵人的。」可見流言對人的危害實在是致命的。

心理學中，人們常常不看流言的真偽，而只重視其產生及傳播的條件及過程，這就是流言傳播中的心理效應。美國心理學家奧爾波特等人常用下面的公式來表示流言的強度：流言強度＝事件的重要性×事件的不明確性。

也就是說，流言對於人們的生活越重要，其資訊越不明確，越容易引起人們的揣測和傳播。這就是為什麼我們聽到的繪聲繪色的流言常常是有關於自己身邊的人的原因。流言的可畏不在於陌生人怎樣看待自己，而在於自己身邊的人——自己的親人、朋友、同事、上司怎樣看待自己。流言常常給人造成一種精神上的壓力，不僅僅是有惡意的人帶給自己的壓力，也不排除親人對自己的誤解或擔憂帶給自己的壓力和恐懼。

流言一向是職場中的「軟刀子」，往往一不小心就會被它擊中。小杜因為工作勤奮、業績突出，年紀輕輕就升任了部門經理。這難免讓那些資深的下屬感到不服，也讓同事感到嫉妒。一次請客戶吃飯，副總因為她是女孩子就幫她擋了兩杯酒，這就被有心人演繹成了一段「緋聞」。

同事們開始以異樣的眼光來看待她，謠言紛傳她是因為副總的原因才升職。她希望「謠言止於智者」，讓它自然平息，但最終沒有效果，結果流言反而傳到了自己姐姐、母親和總經理的耳朵裡。親人為她擔憂，總經理開始懷疑副總偏袒她，無奈之下，她只好以辭職來證明自己的清白，但是經營多年的人際關係、付出許多心血的事業最終「逝去」，其中多少辛酸！一生受盡無數流言攻擊的魯迅曾經在文章中指出：「謠言這東西，是造謠者本來所希望的事實，所以可以藉此來看看一部分人的思想和行為。」所以，雖然流言可畏，但並不是沒有破解之法，只要明白流言的成因，不要輕易受它影響，別人就很難擊倒你。魯迅堅持自己應對流言的原則是：一是鄙視，不理不睬；二是適時反擊，揭穿謠言。大多數人也希望「流言止於智者」。

一心理應用一

（一）指望「流言止於智者」則太過無望，不如平時謹小慎微，少讓別人抓到把柄。

（二）當流言四起的時候，把自己的一切行為都變得更加明確，有了正確的途徑，人們對於流言就沒有那麼熱衷了。

第四章

團隊合作的心理學

互補定律——才能性格各種互補，創造最大的可能性

人們對自己缺乏的特質會有一種飢渴心理，如果交往的雙方在氣質、性格、能力、特長等方面存在差異且恰巧存在互補關係，則兩個人不但相互吸引，而且最容易相處，這就是心理學上的「互補定律」。

人們不僅僅有獲得認同的需要，也有獲得自己所欠缺的東西的需要。如果能夠用對方欠缺的特質來吸引和影響對方，不但對你們之間的友誼有很大幫助，還能夠共同合作從而實現利益最大化。一個人的性格往往有很多不同的側面，因此，在跟不同的人交往時，不妨展現自己的不同側面，這樣更容易吸引他人的注意力。生活中，穩健、有序的人往往喜歡熱情、外向的人；直率、大膽的人容易和害羞、內向的人結為好友；主觀、強勢的人往往喜歡別人柔順、溫和地追隨；隨和親切者也許喜歡嚴肅、剛直的人。往往自己缺乏哪種特質，就特別希望在別人身上看見，這就是人性格中的彌補性。

心理學家認為，人具有渴求互補的心理，對自己缺乏的東西有一種飢渴心理，對自己擁有的東西反而不太重視。如果在交往中能夠迎合對方的這種心理，就可以使對方受到最深刻的影響。

與人交往時尤其要注意那些和自己性格互補的人，爭取和他們有一個共同的理想，這樣你們就能夠共同行動，取得最佳效果。同時還要注意那些價值需求互補的人，比如商人逐利、士人逐名、權者逐勢，他們之間的合作就能夠各取所得，而不會出現衝突。巴爾默是微軟的最高管理者，比爾．蓋茲原本自己經營微軟公司，但是不久他就發現自己最喜歡和精通的還是技術層面的事，對於管理方面則有些力不從心，於是邀請昔日同窗——巴爾默來幫自己管理公司，專門負責公司的營運。他們兩個果然是非常好的搭檔——巴爾默對管理工作充滿熱情，蓋茲對軟體發展熱情不減；巴爾默追求掌控員工的權勢感，蓋茲享受有錢的安全感，於是微軟變成了一部疾速運轉的賺錢機器。

最佳組合創造最高效率，但最佳組合並不一定是才能最高的人在一起。馬雲曾經說過這樣一句話：「當你有一個聰明人時，你會非常幸福，因為所有事都不用你操心；當你有一群聰明人時，你會非常痛苦，因為誰都不服誰。」所以，並不是最有才華的人組合在一起就一定能夠產生最高的效率。才能要互補，性格最好也要互補，這樣才能夠最大限度的避免衝突。

個性是一個人與外界互動的方式。對他人影響最深刻的往往是你與對方互補的那一部分。潛意識中，你一定也在尋找和你性格互補的朋友，但前提是，他與你的價值觀必須相同，彼此間的差異也恰好能夠取長補短，使雙方都能夠獲得一定程度的滿足感，否則性情差異很大的兩個人不但不能產生互補效應，甚至還會互相厭惡和排斥。

關係最好的兩個人，他們往往都有大方向上的一致性，比如人生觀、價值觀、追求、原則等，如果這些不同，就很可能「道不同不相為謀」；而在小的細節上，比如興趣、愛好等方面，要能夠互為補充，否則相處起來就容易火花四濺或互相拖累。人們之間的相似性和互補性都能夠使人更有親近感，這並不矛盾，因為互補不是不同或者針鋒相對，而是人們對自己「影子性格」的一種相戀。心理學大師榮格認為，每個人都具有「顯性」和「隱性」兩種不同的人格，而與自己「互補」的那個人，他身上的品格就是自己的「隱性人格」。比如，一個開朗活潑的人，其實有時候他的內心也是非常憂鬱的，但是很難表現出來，如果遇到一個沉默寡言的人，就會羨慕他能夠隨意表現自己與人的「不合」，這種羨慕就會表現為與對方非常合拍，所以性格互補的人相處起來往往更加容易。

一心理應用一

（一）與人合作時，要找與自己需求和風格互補的人，這樣能夠達到更好的效益，而不會出現「內耗」。

（二）與人交往中，可以表現自己性格的不同側面來彌補對方的不足或吸引對方。

（三）尊重對方的性格，互補的雙方一定要尊重彼此的不同，才能更好相處。

登門檻效應——由小漸大，慢慢提高你的影響力

心理學家認為，一個人一旦接受了一個微不足道的要求，為了避免認知上的不協調，他就有可能接受更大的要求，這就是所謂的「登門檻效應」或者「得寸進尺效應」。

美國心理學家曾對此做過一個實驗：在一個居民區，先請求對方簽署一份贊成安全行駛的請願書，對於這個小小的要求，居民們都同意了。不久以後再向他們提出豎一塊寫有「小心駕駛」的大標語牌，結果超過五〇％的居民也同意了。而在第二個居民區，則直接提出希望豎標語牌的要求，但被大多數人拒絕了，接受率只有一七％。這就是「登門檻效應」對人的影響。

日常生活中，你是否也遇到過類似的事情：一位推銷者在馬路上攔住你，僅僅希望你浪費一分鐘時間填一份問卷調查，不答應這樣簡單的要求實在太不通人情了，於是你答應了；然後對方說有禮品贈送，送給你一個精美的小卡片之類的東西，你接受了；最後對

方向你推銷他的產品，你不好意思拒絕就買了。

逛街時，遇到「產品試用」，剛好是你心儀的某款手機或者相機，於是你跑上去嘗鮮了一番；對方要求你填一份試用意見調查表，於是你填好了；然後對方問你是否滿意，有沒有購買意圖，如果你帶的錢不夠，對方還表示可以刷卡，這樣你大概會毫不猶豫買下來。

你試圖在他人心理上施加影響時，不妨從小事開始讓對方慢慢接受你的意見，然後再逐漸施加影響，讓他認同你，意識到你所說的、所做的都是正確的，按照你所說的去做。

心理學家查爾迪尼在替慈善機構募捐時，僅僅是附加了一句「哪怕一分錢也好」，就多募捐到一倍的錢物。他分析認為，對人們提出一個很簡單的要求時，人們很難拒絕，否則怕別人認為自己不通人情。當人們接受了簡單的要求後，再對他們提出較高的要求，人們為了保持認知上的統一和使外界留下前後一致的印象，心理上就傾向於接受這個要求。

一個人對周圍人的影響是在生活中慢慢累積起來的。洪自誠曾在他的著作《菜根譚》中談到：「攻人之惡勿太嚴，要思其堪受；教人之善勿太高，當使人可從。」考慮到對方的心理感受，從對方能夠接受的小處開始，才能一步一步達到自己的目的，否則只能像揠苗助長一樣，使人徹底拒絕你。

有這樣一個故事，小和尚跟師父學藝，但師父什麼也不教他，只是給他一隻小豬，讓他放養。在廟前有一條河，每天早上小和尚都要把小豬抱過河，傍晚再抱回來。不久以後，小和尚就練就了卓越的輕功，原來隨著小豬不斷長大，小和尚負重走動的能力也越來越強，放下重物自然奔跑如飛，他這才明白了師父的用意。

人們常常被沉重的任務所嚇倒，這時候不妨將任務切割成一段一段，比如每天做十五分鐘的練習，看起來並不難，但是加起來所能達到的高度就已經很高了，這也是登門檻效應的應用。

當任務來臨時，不要被自己的想像所嚇倒，先完成最簡單、最初的一步，然後進行任務分割，你就能逐漸登上人生的頂峰。與人交往的過程中，也不要試圖讓別人對你一下子佩服得五體投地，這是不太合理的。慢慢地接近對方，讓對方接受你，在逐漸接近和交往的過程中，給他一些小建議，如果對方接受了，那麼接下來他很容易就能夠接受你的觀點，逐漸和你志同道合。

一、心理應用

（一）想要別人做到一件較難辦到的事，要先提出一個較容易辦到的請求，對方同意後再提出難辦的事，對方更容易接受。

（二）當一件事情太困難，你覺得無處著手的時候，把它分割成幾項較小的容易達到的目標，一件件去做，事情就會變得簡單。

（三）人們對他人的意見很難接受，所以要從對方能夠接受的小建議開始，才能更順利地影響他人。

權威效應——千萬別小看名人的力量

權威效應是指一個人的地位越高、威信越大，他所說的話就越容易引起人們的重視和認同，也就是所謂的「人微言輕，人貴言重」。

美國心理學家曾做過這樣一個實驗：在向大學生講課時，向學生介紹說聘請到的這位是舉世聞名的化學家，然後這位化學家表示自己發現了一種新的物質，這種物質有強烈的刺激性氣味但對人體無害。他要求聞到氣味的同學舉手，不少同學都舉起了手，但事實上那只不過是蒸餾水。這就是權威產生的效應，能夠讓人深信不疑，甚至能夠無中生有、顛倒黑白。如果一個人善用權威效應，在人群中就會有更大的影響力。

日常生活中有很多這樣的現象，比如如果一個炒股者告訴你某檔股票要漲，大概你會一笑置之，而如果某位股評專家或者著名企業家對外聲明某檔股票要看漲，你大概會立刻跑出去排隊買這檔股票；同事建議你一個更快的處理事務的方法，你會嗤之以鼻，而上司建議的即使是同一種方法，你卻會馬上應用起來；妻子說了一段話，你不以為然，改天一翻原來是名言，你立刻對這段話奉為圭臬，相信每個人都會遇到類似的事情，如果能夠善用這種「權威效應」，對方對你的話就會深信不疑。

原因大概是人們都有「安全心理」，權威人物在某個領域的判斷常常都有一定的準確性，聽從他們的建議會增加自己判斷的保險係數，讓自己更有安全感。再者，人們常常認為權威人物是被眾人所認可和讚許的，他們的行為往往和社會規範一致，按照他們的要求去執行往往會得到更多人的讚許，這就是權威效應的心理基礎。

因此，想要善用權威效應也要從這兩個方面入手，首先是鍛鍊自己的判斷力，一旦自己說出的話幾經驗證，就可能對周圍的人產生權威效應；其次要端正自己的行為模式，使其符合社會規範，讓更多人認同和讚許你，這樣你的建議就會逐漸被重視；再者，還可以取得權威人士的認同，這樣你的話也就有了一定的說服力。

南北朝時，劉勰寫出了《文心雕龍》，但無人認同。他請當時的大文學家沈約評閱，當時沈約可謂文學界的權威，但沈約並不重視這本書，劉勰不得已只好裝作賣書人將作品賣給了沈約。沈約閱讀後評價極高，於是《文心雕龍》成為了文學評論的名著，劉勰也成為文學評論的權威人物。

實際生活中「拉大旗做虎皮」的人不勝枚舉，一位推銷員就利用總統的評價來推銷書籍，把一本書說成「一本總統看了評價好的書」「一本總統評價壞的書」「一本總統無法給出評價的書」等，這也是利用了總統的權威效應；而那些反駁著名學者或者要求和著名學者共同著書立說的人，無疑也在利用「權威效應」，且通常這些手法都是非常有效的。

日常生活和工作中，也不妨適當使用一下「權威效應」，可以讓人對你的話深信不疑，比如在辯論說理時引用權威人士的話作為論據，舉著名人士的例子作為對自己行動的解釋或佐證，暗示你的行為是上級的指示等。

但是權威效應絕不能濫用，否則就會削弱你自己的威信。如果為了暫時讓別人服氣，就將自己的話謊稱為某名人的觀念或者用權威人士的名望來壓人，那麼不僅達不到目的，還會引起他人的反感。

心理應用

（一）適當借用名人名言來推行自己的觀念。

（二）利用權威效應暗示你的行動是有依據的，引導或改變周圍人的態度和行為。

（三）設法取得權威人士的認同或者與權威人士合作，都有可能讓你逐漸變成「權威」。

（四）推廣某種產品或觀念時，不妨首先向權威人士推薦，只要他們接受了，民眾就很容易接受。

布朗定律——對方最在意的地方，就是開啟溝通的起點

美國職業培訓專家史蒂文．布朗曾提出：一旦找到打開某人心鎖的鑰匙，就能夠用它反覆打開他的心鎖，而找到那把心鎖則是良好溝通的開始。知道別人最在意什麼，別人的意願才能在你的把握之中。

日常交往中常常會發現，當你希望和對方實現有效溝通的時候，忽然發現對方由於某種原因陷入了一個「作繭自縛」的桎梏裡，與任何人都格格不入了。這時候你會發現，他情緒非常不好，一直若有所思或陷入迷茫；他顯得有點怪僻，對任何試圖與他交流的人都嗤之以鼻。他陷入社交障礙當中，起碼暫時是這樣的，如果在這時你能夠恰當地給予對方心靈上的引導，你就能夠成為他的「知音」，對他的感情和信念產生巨大影響。

《莊子》中曾記載這樣一個故事：齊桓公到濕地去打獵，忽然見鬼，他問為他駕車的管仲看到什麼沒有，管仲說沒有看到，回來以後齊桓公就病了，昏昏沉沉，足不出戶。

醫生們忙忙碌碌也找不出原因，百般開導也不見好。這時，皇子告敖來看他，一見面就說：「您這是自己找來的病啊，鬼如何能傷害您呢？您這是鬱結之氣不能發而導致的疾病。」齊桓公問他是否有鬼，告敖回答說：「當然有啊，無論是水中、灶中、牆下、大山裡、原野上、濕地中都有鬼。」

齊桓公於是問他濕地中的鬼叫什麼名字，長什麼樣。告敖說道：「濕地中的鬼叫委蛇，身大如輪，身長如轅，紫衣紅冠，捧頭而立，見到它的人能夠成就霸業。」不久，齊桓公的病就好了，數年後成就了一番霸業。告敖因為擊中了齊桓公心中「思霸成疾」的意願才治好了他的病。

每個人都可能出現暫時性的溝通障礙，或者感到迷茫困惑，或者遇到某種挫折和不公平待遇，這些都會產生不願溝通的狀況。找到對方不願溝通的原因才能讓他開口。雖然不同的溝通障礙可能有不同的原因，但都脫不開「水平不流，人貧不語」的根源。當他在某個方面感覺自己「貧乏」了，自然就不願溝通。有些人可能因為理想得不到實現而鬱鬱寡歡；有的則可能遭遇友情、親情、愛情的挫折而不願開口；有些對自己的現狀不滿而感到憤懣，這些都是產生溝通障礙的原因。具體原因則要根據個人情況具體分析，這樣才可能找到「心病」的原因，實現無障礙溝通，贏得人們的尊重。

只有細心尋找，才能找到那把可以打開人心鎖的鑰匙。虔誠的修女德蕾莎隻身來到印度，希望能夠拯救受難的人們，當她看到當地人因為貧窮而衣衫襤褸甚至沒有鞋穿的時候，她決定自己也不穿鞋子，因為這樣才能更貼近他們的內心。這位虔誠的修女得到了所有貧苦人的尊重。中東戰爭時，她來到戰場上，作戰的雙方因為她的到來不約而同地停止了進攻，直到她把戰區中的婦女兒童都救出去。她去世時，靈柩經過的地方沒有人會站在樓上，每個人都不願自己站得比她高，而此時，她的腳仍然是赤裸的。

在貧民區，「赤裸的腳」是每個人心中的鎖，修女正是看到了這一點才打開了無數人的心鎖。現實生活中，尋找那把特殊的鑰匙也需要細心的觀察和體會。

心理應用

（一）看到對方最重視什麼，是物質上的享受，還是家庭生活的圓滿，還是理想的實現。找到對方最重視的東西，然後根據他的言行舉止去順藤摸瓜，往往就能找到那把鑰匙。

（二）看他平日經常為什麼而煩惱，是因為孩子還是因為婆媳、夫妻關係，是因為缺乏金錢還是因為缺乏理想。平時因為什麼最煩惱，往往也是因為這個原因而拒絕溝通，這就是找到那把鑰匙的技巧。掌握了這個技巧，就能對他的思想產生巨大影響，成為他最重要的朋友。

鄰里效應——接收好的影響，也讓自己成為正向力量

有誰還記得「孟母三遷」的故事？孟子小的時候，父親去世，母親寡居。一開始他們住在墓地附近，於是孩子們總是玩哭喪、跪拜的喪事遊戲，孟母見了覺得不妥，於是搬到市集旁邊。孟子又開始玩商人賣東西的遊戲，孟母見了說「這不是可以用來安頓我兒子的地方」，又搬到學堂旁邊。每月農曆初一這個時候，官員到文廟行禮跪拜，互相禮貌相待，孟子見了之後都學習記住。孟母非常滿意，於是住了下來。孟子長大後，學成六藝，獲得大儒的名望。

這也就是所謂的「鄰里效應」：社會環境的特點可以影響人們的思想和行為方式。人們常常用此事例來說明，接近好的人、事、物才能學到好的習慣。環境能夠改變一個人的愛好和習慣，但是環境也離不開組成環境的人，想要深刻影響別人就要讓自己成為對方想成為的人，這樣就能夠讓別人主動接近你、接受你的影響。

人們普遍都存在一種建立和諧人際關係的期望。人們看待朋友時多傾向於積極的方面，在互動的過程中也總是力圖以最小的代價換取最大的報酬。因此，想要對人們產生影響就要充分展示自己積極的一方面，因為好的感染好的，「近朱者赤」。如果你是積極樂觀的代名詞，大家就很容易心甘情願地靠近你，並在不知不覺中受你的影響。

《南史》中曾記載過這樣一個故事：有個叫宋季雅的人，出了十分昂貴的價格買下一棟房子，有人說太貴了，但他卻說「不貴，不貴，一百萬元是買屋的錢，一千萬元是買鄰的錢」。猶太民族也有一句名言是「不要選擇房子，而要選擇鄰居」，因為他們都明白有好鄰居等於為自己增添左膀右臂的道理。為什麼那麼多的人會花費一大筆錢去租某棟高級公寓裡的房子？其實，正是因為有很多精英住在那裡而已。

鄰里效應不僅僅是地緣關係，在心理領域也存在：即背景、態度、價值觀、情感相鄰的兩個人，其情緒和行為會互相感染，這就是產生影響的根源。為什麼有人會「惺惺相惜」、「同病相憐」？就是因為他們的經歷一致或者情感、情趣一致。白居易曾寫下「同是天涯淪落人，相逢何必曾相識」的詩句，並為一個淪落天涯的歌女寫了《琵琶行》的曲子，究其原由就是這種鄰里效應作祟，否則著名的大詩人怎麼會與「老大嫁作商人婦」的女人相交並為之作曲？

日常生活中，我們也常常看到兩個素不相識的人，僅僅是因為談了幾句話，就結成了很好的朋友；甚至有時候一個人的訴說引起了幾個人默默的啜泣，然後幾個人成為至交好友。當心理距離鄰近的時候，人們最容易互相感染，也最容易影響他人。根據這一道理，想要影響一個人就要從他的背景、經歷、情感、社會地位等方面做考慮，然後根據這些找出最能夠感染對方的方式。一次，李穎去酒吧喝酒，遇到了剛剛失戀的雲雲。兩個人講起了感情中的波折，不約而同產生起了「同病相憐」的感覺。不久後，兩人發現各自離得並不太遠，她們的情感、教育背景都相當相似，於是結為好友。李穎常常開導雲雲：遇事要向前看，一年前自己失戀，痛不欲生，但目前過得還不錯，又有了新的戀情。雲雲不由自主地認為兩個人性情、經歷相似，以後她也能過得和李穎一樣好，不久就走出了陰影，並和李穎搬到同一棟公寓，成為了閨密。

可見，鄰里效應的影響是巨大的。想要吸引積極向上的朋友，就要首先把自己變得積極向上；想要影響他人的思想，就要在思想上首先靠近對方；想要感染他人，就要尋找與對方一致的情感或情緒；想要提高自己的社會地位，就要首先明白自己希望達到的社會地位的人的思考和行為方式。

一心理應用一

（一）與人交往時，盡量增加「惺惺相惜」、「同病相憐」的感覺。

（二）把自己的位置放在與他人相鄰而不是對立的立場上。

（三）保持良好的情緒和高尚的行為，能夠讓你交到更多高尚的朋友。

第五章
擴展人脈的心理學

自己人效應——成為好麻吉，什麼都好辦

現實生活中，人們常常發現這樣一種現象：當你辦事時，對方是你的朋友或者有過數面之交的人，事情就會特別順利；而如果對方是陌生人或者價值觀不同的人就會處處受阻礙。這就是「自己人效應」，即「自己人」一切好商量，對於「自己人」所說的話更容易信賴和接受。

這裡所謂的「自己人」其實是指和自己有感情的人或者與自己同一類型、站在同一立場上的人。

漢代將軍李廣，為將廉潔，體貼士兵，愛兵如子，不但經常與士兵同飲同食，而且還凡事身先士卒。行軍遇到斷水斷糧的時候，見水見食，士兵不全喝到、吃到，他不近水、糧。李廣不善言辭，但閒時常常與士兵射箭賭酒取樂，並常把賞賜分給部下。部下覺得李廣將軍平易近人，是「自己人」，於是更加尊重和愛戴他，甘願為他出死力殺敵。

與人交往中，想要和對方建立良好的感情和人際關係，就要強化「自己人效應」，讓他人認同你並和你站在同一立場上，這樣才可能更快接受和信賴你。

怎樣強化「自己人效應」呢？林肯曾說過一段非常精彩的話：「一滴蜜比一加侖膽汁能夠捕到更多的蒼蠅，人心也是如此。假如你要別人同意你的原則，就先使他相信：你是他的忠實朋友，即『自己人』。用一滴蜜去贏得他的心，你就能使他走在理智的大道上。」意思是說，感情必須在一致性的基礎上才能成立。

歷史上有無數因為朋友對信仰的背叛而斷交的故事，這是對「朋友」要求「一致性」最好的證明。司馬昭篡權後，提拔了嵇康的朋友山濤。嵇康聞訊後，心痛異常，因為他堅持著自己仁愛忠恕的道德理想，認為山濤背叛了「曹魏」，於是寫下了著名的《與山巨源絕交書》，從此和山濤斷交。

也就是說，想讓一個人意識到你是他的自己人，就要與他取得情感上的一致性或者信仰上的相似性。

如果這種一致性消失了，兩個人很可能從此敵對。如果兩個人是非常要好的哥兒們、換帖兄弟，那麼無疑你就是他的自己人了，而為自己人辦事無疑要簡單得多，這樣就能夠水到渠成。

友情這種人們相處之後產生的情感，必須在很多條件一致的情況下才能產生；如果品格相悖，是不可能成為「自己人」的，比如一個誠實正直的人絕不可能與虛偽奸詐之徒相交，謙謙君子絕對不屑與狂妄自私的人為伍。

怎樣讓對方更明確地認知到你是他的自己人，從而和你相知、相交，信任你、寬容你呢？心理學家認為，「自己人效應」具有可接近性、相似性、互補性和相容性等特徵。

也就是說，兩個人如果空間距離比較近、接觸機會比較多，就容易產生好感，彼此引為「自己人」；雙方有共同語言、信仰一致、品格相似也容易成為「自己人」；兩個人性格或需要互補，也有可能因「取長補短」的需要而成為「自己人」；寬容大度容易接納別人的人，也容易被別人接納，成為「自己人」。這就是為什麼那些只在酒桌上喝過兩次酒的男人，會拍著肩膀稱兄道弟的原因。

一心理應用一

（一）平等待人，不要頤指氣使。一副居高臨下的傲慢樣子，把自己看得比人高，是沒有人願意成為你的「奴隸」的。

（二）真正對他人感興趣。只關心自己的人是沒人願意關注他的。

（三）顯示自己的才華魅力。人們都有「利己」的傾向，因此有一個有才華、有能力的朋友是每個人都希望的。如果你在某個領域才華比較出眾，就能產生一種突出的人際吸引力。

如果能夠做到以上幾點，人們往往更願意與之結交，並產生朋友之情。這樣的人有更寬廣的人脈。

人脈和感情累積到了一定程度，做起事情來自然順風順水。

真誠的關心，能讓對方卸下心防

關注會帶來友誼，帶來改變。每個自覺受重視的人，都會對重視自己的人產生更多感激和情誼。人們常說「士為知己者死」，因為關切自己、承認自己的才能、對自己有「知遇之恩」，甚至能夠為對方死去，這種情感就是關注別人帶來的回報。

有一所國外院校，入學之初會對每個學生進行智力測試，以智力測試的結果為依據把學生分到優秀班和普通班。但有一次卻因為某種失誤將兩個班顛倒了，也就是說在所謂「優秀班」上課的孩子其實智力只是普通的。然而到學期末卻發現優秀班的成績明顯比普通班的高。原來，普通的孩子被當成優等生關注，真的使醜小鴨變成了白天鵝。額外的關注也使得這些普通的孩子非常感激他們的學校和老師。

關切帶來情意並不是空口白話。別人的關注往往使人們感覺非常受對方重視，而友誼通常是在彼此重視的基礎上產生的。平時對朋友多一點關切，一句溫暖的問候、一聲真心的安慰、關鍵時刻一個關心的舉動，都能夠讓你們之間的情誼一點一滴地慢慢增加。

李平是一個非常難親近的人。他對人態度疏遠，平時沉默寡言，讓人和他根本談不下去。但同時他也是整個辦公室最有才華的人，他的每個創意都被人們稱讚不已，而每當人們對這些表示稱讚或羨慕的時候，他回答的也總是只有一聲「謝謝」。一凡則是一位剛進入職場的大學生，儘管經驗不足，但爽朗坦率，對每個人都很熱情。一次，李平生病，根本沒有人注意到，正在醫院中忍受痛苦和寂寞的李平看到了這位「後輩」。他嘻嘻哈哈地在李平病床前待了半小時，並用李平的杯子喝水，絲毫不介意。李平回公司上班時，他又主動打招呼，問他病情怎樣，終於「化開」了這位「冰山」的心，與他結成了朋友。不久人們就發現，那位沒有工作經驗的新人的能力也開始慢慢見長。

僅僅是一番醫院的問候，就打開了另一個人的內心；僅僅是一點點關切，就成就了兩個人的友情。大概是人們在「落難」的時候，感情格外脆弱的原因吧！其實，不管怎樣，平時只要真心實意地關切他人，都能夠讓人感覺到。一聲敷衍了事的問候與熱情洋溢、充滿關切的問候肯定不同；泛泛之交之間的關切和真正朋友之間的關切也肯定不同。只有付出真心地關注他人，才可能帶來情意、帶來朋友。

在希臘神話中有一位納西瑟斯，他一直瞧不起愛情，所以一個傷心人向天神禱告，結果應驗了：「願不愛別人的他愛上他自己。」當納西瑟斯俯身喝水時看見了自己的倒影，立刻愛上了水中的倒影。他嚷道：「現在我知道別人為我吃了多少苦頭了，連我自己也熱烈愛上我自己了。可是要如何才能接觸水中迷人的影像呢？我離不開它，我唯有一死才能得到自由。」於是，只會顧影自憐的納西瑟斯變成了一朵水仙花。

這則神話給人的啟示大概是，只關心自己的人最後只能形影相吊吧！只有真心的關切才能夠帶來情意。人們總是以自己為中心，但是在這個中心以外，你付出多少關心給周圍的人，就能夠贏得多少友誼。

心理學家認為：每個人都希望自己在別人的心目中排第一位，但只有重視才會引起重視，只有喜歡才會引起喜歡。這是因為一個人對他人的關心，會在他的言談甚至神情中不自覺地顯露出來，使另一個人接到這一訊息，而這一訊息會使得對方身心愉悅，從而加深你對他的關切和好感，這種情感的互動會使雙方都在這段情意中受益。

關心常常表現在日常的小事之中，只有一點一滴地累積，才能使雙方的情誼更加深厚。不放過每一個可以關心對方的機會，就能使彼此間的情誼日益加深。

心理應用

（一）平時要對他人展現出自己的關切之情，問候、關心都要真心誠意、熱情洋溢。

（二）在別人處於逆境之中或者情感最脆弱時對他關切，最能夠引起他的共鳴。

（三）人們的關注會變成自身的力量，盡可能贏得更多人對自己的關注，對成功有很好的促進作用。

雪中送炭，是投資人脈的最佳時機

假如你飢腸轆轆的時候，有人送給你一頓美食，你是否會非常感激他？答案是肯定的。但這時候如果人們持續將更多、更美味的食物送給你，你還繼續感激涕零嗎？而如果有人不管你是否已經吃撐，不斷將更多食物送上來，而你不好意思拒絕之下，只好硬著頭皮吃下去（宴席上經常遭遇這種情形），這時你大概對他心存怨恨了。這就是「邊際遞減效應」，物品的價值並不取決於物品本身，而是透過自己的需求、欲望得到滿足的程度來主觀體現的。同一樣東西為我們帶來的滿足感和效用，會隨著它的增加而使得效果遞減，越到最後效果越小。德國經濟學家戈森曾提出一個有關享樂的法則：同一享樂不斷重複，則其帶來的享受遞減。所以，錦上添花的效果會遠遠弱於雪中送炭。想要贏得他人的情感或感激之情，一定要在他最需要的時候給予最貼切、最實用的幫助。生活中，誰都可能遇到困境，而困境中的幫助尤其可貴。老子曾說「天之道損有餘而補不足，人之道損不足而補有餘」，意思即人們常常關注正處於頂峰的人物，而忘了處於困境中的人，甚至對陷入泥濘的人踩一腳。這樣的行為是不可取的。人們常說「疾風知勁草」又說「日久見人心」，其實不僅僅是看平時對方對自己怎樣，而且要看危難之際、困境之中，對方是否能夠盡「朋友之義」。此時，如果向朋友伸出援助之手，勢必會獲得更多的感激和友情，日後可能得到更大的幫助。著名作家錢鍾書在上海寫《圍城》時，經濟非常窘迫，一天五百字的精工細作，絕對不夠養家糊口。這時候黃佐臨導演將其夫人楊絳的四幕喜劇《稱心如意》和五幕喜劇《弄假成真》搬上了大銀幕，並及時支付了酬金，這才使錢家度過了難關，可謂「救之於水火之中」。

錢鍾書向來不喜歡與人交往，卻與黃佐臨有不錯的友誼。時隔數年之後，錢鍾書已是名滿天下，此時黃佐臨之女黃蜀芹懷揣老爸一封親筆信，在如過江之鯽的導演堆裡，獨獲錢鍾書親允開拍電視劇《圍城》。

現實生活中不乏這樣的例子，對於他人來說，你不經意的小幫助卻可能是一個很大的人情。明白了這一點，就不要讓自己做出「人走茶涼」、「痛打落水者」的事，相反，在別人危難關頭挺身而出，才能贏得對方的情誼。

往往要到最危難的時刻，才能分出他人品格的高下。「雪中送炭」不是高尚的要求，而是道德底線。能夠做到這一點，才能夠獲得他人的感激和友情，才能得到日後的幫助。「人脈投資」往往在他人最低落的時候，才可能產生最良好的效果。但並不是所有人都值得「雪中送炭」，那些每日牢騷度日、消沉潦倒的人，你給他再多幫助也不可能將他從泥淖中帶出來，還會影響自己的處世態度。因為他的一生都會處在「雪中」，你卻不可能永遠「送炭」，對於這樣的人，要改變其內心是困難的，那麼就只能堅持「救急不救貧」的原則。把「炭」送給那些危難之中的「英雄」，還需要一雙「通達的慧眼」。

心理應用

（一）昔日的英雄落難，不妨「雪中送炭」，救之於危難之中，讓他欠你一份人情，你會得到更多回報。

（二）別人危難之時，即使不能及時伸出援手，也千萬不要「推一把」。

（三）獨具慧眼，不要持續資助任何人，否則只能讓他人產生依賴性。

與人為善，成全他人也等於成就了自己

《論語．顏淵》中有這樣一句話：「君子成人之美，不成人之惡。」意思是，君子成全別人的好事，幫助人實現願望，而不會唯恐天下不亂，不會在別人處於失敗或痛苦時推波助瀾。天下推波助瀾、落井下石的人何其多，相反地，願意實現他人美好意願的人卻很少，所以每個人對幫助自己實現願望的人都會充滿感激之情。

日常生活中，我們常常看到一個才華橫溢的人願意幫助一個才能平庸的人，原因只不過是對方曾經充當過他的「伯樂」。事實上，成全了他人也就成就了自己。如果願意全心全意促成別人的正當願望和要求，即使對方並不感激，你本身也會贏得好的名聲，這就是「送人玫瑰，手有餘香」。對於別人的願望極力成全而不橫加阻攔，才可能獲得他人的好感。

歐陽修和蘇軾等被稱為「唐宋八大家」。歐陽修與蘇東坡還頗有一段淵源。歐陽修要比蘇軾大三十多歲，科考當中，當時已是文壇領袖的歐陽修發現蘇軾文章了得，於是起了愛才之心，當即奏報仁宗皇帝，並向世人坦言：蘇軾的成就終會超越自己。蘇軾得到歐陽修的賞識、提攜，光耀文壇，並尊歐陽修為師。後人都稱蘇軾是歐陽修的門生，大概就是對歐陽修提拔後進的最好獎勵。

成全別人並不是一件容易的事。想要成人之美要有寬廣的心胸、長遠的眼光，能夠接受別人比自己優秀，否則很容易因為害怕被他人超越而「成人之惡」。

其實，被別人超越並不是一件可恥的事，古人云「弟子不必不如師，師不必賢於弟子」。如果對方註定要成為一個為世人矚目的人物，那麼任何打壓都不會消滅他的光彩；讓他透過你的成全而實現願望，發揮光彩，這樣你也會因此獲得好的名譽。如果不是鮑叔牙對管仲的舉薦，那麼，誰能夠記住「鮑叔牙」這個平凡的名字呢？可見成全了別人也就成全了自己。

如果沒有成全比你才華高的人的心胸，那麼就幫助後進、提攜新人或者社會地位比你低下的人。

漢宣帝時有位丞相叫丙吉。一次，他的車夫喝醉了酒，害得丙吉只好走回家。管家準備辭退車夫，但丙吉擔心辭退了他，日後沒人敢收留他，於是繼續留他為自己駕車。

就是這個小小的成全換來了車夫的回報。有一次，車夫看見驛站的騎手帶著紅色和白色兩個布袋（那是邊疆傳來的緊急文書），他猜想一定是邊境出了急事，於是到驛站打探消息。他了解到敵人已經攻入雲中、代郡，但因為地方太守體弱多病而無法抵抗。車夫立即把這一情況稟報了丙吉，丙吉立即對邊境官員進行了審查並瞭解最新消息。

果然，皇帝不久便召見丞相和御史大夫詢問邊境官員情況，御史大夫因事前沒有準備而吞吞吐吐，丙吉則因為事先瞭解了情況而說得頭頭是道，並提出了救援辦法。丙吉的從容幹練引起了漢宣帝的好感，其原因不過是因為他聽了車夫的話，事先有了準備而已。

不要小看自己的一個小小舉動或善行，對於下面的人來說，你的舉手之勞卻足夠讓他們付出巨大的努力。如果你願意動動手，或許只是一句話、撥一通電話的事，就能夠讓人對你心存感激，日後一定會有更大的回報。

對於年輕人來說，或許你沒有什麼成人之美的資格，那麼只要你對別人的計畫、想法不潑冷水，適時（尤其是其他人總是對自己的做法持懷疑態度的時候）對人給予肯定和鼓勵就是在成人之美了。

任何人都不會忘記給過他實質上支持的人，對關鍵時刻給過他鼓勵的人也會充滿感激，甚至會一起分享勝利的快樂，這就是成人之美的好處。

一心理應用一

（一）要有長遠的眼光、有氣度，幫助他人實現願望，贏得他人的感激之情。

（二）永遠不要對他人的計畫潑冷水，適當的鼓勵和支持也能夠成全別人，贏得他人好感。

牢騷效應——偶爾當一當別人的垃圾桶

每個人對生活或者工作都有一定程度的不滿，而願意聽別人抱怨的人卻不多。讓對方說出他們的不滿，也是增進雙方感情的方式之一。

哈佛大學的心理學教授曾經做過這樣一個實驗：他要求心理學專家們找工人個別談話，而且規定專家要耐心傾聽工人們對廠方的各種意見和不滿，並做詳細記錄，同時，專家對工人的不滿不准反駁和訓斥。兩年以後，他發現工人們的工作效率有了明顯提高。這就是所謂的「牢騷效應」或者稱為「霍桑效應」。它的意義在於：提示我們要讓周圍的人學會宣洩。人人都有各種各樣的願望，但不一定都能達成。因為不能實現願望而產生的不滿情緒千萬不要壓制，而是要讓它們發洩出來，這對人的身心發展和工作效率的提高都非常有利。

日常生活中我們也常常看到，那些我們願意向他抱怨或者發牢騷的人，常常都是我們身邊最親近的人，或者是自己的伴侶、父母，或者是自己最要好的朋友。我們通常會把不滿情緒隱藏得很好，即使受了再大委屈，也不願向同事或者上司訴說，而更願意向自己的親人抱怨或者發火。

讓對方說出他的不滿，也就等於在拉近兩個人之間的距離。當你願意聽對方的抱怨或者對方願意把他的不滿、傷心、委屈都說給你聽的時候，你們的友誼、情感就增加了一步。

唐太宗李世民為君賢明，但在朝堂上常常受大臣們的氣，甚至在私下也不敢有絲毫懈怠或者享樂，甚至因為魏徵來訪而把一隻鳥悶死在自己的袖子裡。於是，在後宮常常發牢騷要把魏徵「砍頭」，長孫皇后在勸諫他的同時也常常主動幫太宗宣洩不滿，傾聽他的抱怨，因此，在後宮成為李世民最鍾愛的皇后，為李世民留下七個子女。

很多人都不喜歡聽別人發牢騷，認為別人的垃圾情緒會影響自己的心理健康。誠然如此，但如果能夠做到分擔他人的痛苦，也是一件好事。

別人並不需要你的主意，只是想把自己的憤怒發洩出來，這時，不妨和對方一起把招惹他的人罵個痛快，然後一起哈哈大笑一通，就能夠把兩個人的不平之氣都散發出去，同時也能增進兩個人之間的情感。我們常常發現，兩個人「同仇敵愾」了一番之後，彼此之間更加親密了。當然，對方最好是你真正的朋友，而不是別有用心的人。

另外，允許別人發洩還有利於事情的解決。美國一家電信公司，其中一位客戶拖欠了很多費用，但是經過多次交涉都毫無效果。客戶只是一味抱怨電信公司的差勁，讓所有人都不知如何是好。最後，公司派出一位非常沉默的員工來接待這位客戶。這位員工什麼都不說，只是沉默而真心地傾聽客戶的牢騷，包括他對電信公司的不滿、對他生活和工作中出現那種不公平待遇的憤怒和不滿。就這樣，經過四五天的發洩，客戶終於意識到自己的無理取鬧，心平氣和地將欠的款項補上了，並預付了一大筆錢給電信公司。

讓對方說出他的不滿，將負面的情緒都宣洩出來，有利於事情的解決。人們普遍有一種「歉疚心理」，當你對對方毫無理由發洩的時候，事後就會意識到自己的錯誤，於是產生一種「歉疚補償心理」，盡量補償別人因你受到的傷害。

大禹和他的父親鯀都進行過治水，鯀採取的方式是堵，結果，東堵西決，此堵彼溢，歷經九年，沒有任何效用。大禹則採用疏導的方法，將水都引入大海，最終使之臣服。牢騷效應也是一個「疏與堵」的問題，允許別人發洩自己的不滿，才能將所有的問題都解決在萌芽狀態，而引導對方說出他的不滿，給對方一個發洩口，才能夠防止對方情緒集中爆發出來，激化矛盾。

一心理應用一

（一）認真傾聽對方的牢騷，能夠使事情辦得更加順利。

（二）引導對方在你面前說出他對現狀的不滿，可以增加兩個人之間的親密度。

（三）允許員工宣洩，可以激發員工活力並能防止矛盾爆發。

第六章
激發潛能的心理學

巴納姆效應——你以為的不見得就是你以為的

巴納姆曾經說過一句名言：「任何一流的馬戲團應該有能力讓每個人看到自己喜歡的節目。」因為節目中包含了每個人都喜歡的成分，所以「每一分鐘都有人上當」，這就可以解釋這一效應為什麼能夠產生。

巴納姆效應是由心理學家伯特倫．弗爾提出的，它表現為：每個人都很容易相信一個籠統的、一般性的人格描述特別適合自己，即使它非常空洞，仍有人認為這反映了自己的人格面貌。實際上，這是由人容易接受周圍環境暗示的心理決定的。生活中，你不可能時時刻刻去反省自己，認識自己就是借助確認外部資訊來達到的，因此，當別人將某一非常籠統的結論告訴你並認為這就是你時，你會認為這正是對你自己的描述。

人們借助鏡子來觀察自己的相貌，借助他人的語言或評價來認識自己的性格，所以人非常容易受到外界的暗示，並認為那是自己。日常生活中，有很多人熱衷於以星座、生肖、血型來判斷自己的性格，甚至為自己的未來做預測，這些都能夠反映自己的真實面貌嗎？

很多人都認為「很靈驗」，其實那些話不過是一件「Free Size」的衣服，套在任何人的身上都相當合適，只不過有些人穿著寬鬆一點，有些人穿著緊一點而已。

打個比方，一張你自己的照片經過修圖以後，你能夠找出哪部分是你自己真實的面貌，哪部分是經過修飾的嗎？還是你認為，那就是真正的你自己？找幾個你的姐妹或者與你長相相似的人來，告訴她，這是你偷拍的她的照片，很多人大概也會承認吧。這就是人的「鏡子心理」，往往借助外界的資訊來認識自己，容易受到環境和周圍資訊的暗示。這種自我知覺的偏差，很容易將你帶入歧路。孩子們告訴自己的媽媽「甜甜這時候正在看電視，她每次都會考一百分」，你聽到這句話大概會笑翻天，可是你的行為又跟孩子有多大差別呢？

很多未婚女性都喜歡看韓劇，並認為只要打扮得漂漂亮亮就能找到一個愛你的好男人，或者認為嫁了一個好男人就等於得到了幸福的生活，按照「書本中」的指示去改變自己的行為，以為這樣就能經營好自己的生活或婚姻。

這就是我們常常犯的「小兒科」錯誤，卻往往不自知，將他人的言行作為自己行動的參照，只不過讓自己變得更加可笑罷了。因為，人之所以是一個獨立的「人」，是因為他與別人的差異，而不是相同之處。每個人都應該獨立清醒地認識自己，而不要以他人的話語、評價或者行為為依據。

每個人行動之時，也要有自己的主見，不應輕易被別人左右或暗示，也不要盲目相信別人的經驗，因為你們之間是不同的，對於他人合適的經驗，你用起來也許就會失敗。

記得「東施效顰」的故事嗎？西施是春秋時越國著名的美人，有心痛的毛病。犯病的時候，往往用手捂住胸口、皺著眉頭，比平時更加美麗，贏得了人們的憐惜。醜陋的東施看到了也模仿美人的樣子，扶住胸口、皺起眉頭，反而更加醜陋，讓人厭惡。正是她接受了錯誤的「捂胸顰眉」會讓人更加美麗的心理暗示，不加區分地用到自己的身上，才被人認為「沒有自知之明」。

而你又接受了多少別人的錯誤暗示，把自己固定在了一個不屬於自己的位置上了呢？有人接受了別人的批判而妄自菲薄，認為自己一生將無所作為；有人接受了別人的恭維，認為自己是「天才」，不用努力，才華也會顯現，最終變得默默無聞；有人從別人的言行舉止中，錯誤猜測了事情的進展，對自己造成不可估量的損失。

心理應用

（一）想要明白自己的真實處境，就要學會客觀觀察，而不要受別人的影響。

（二）學會面對自己，客觀評價自己的優點和缺陷，才能明白自己真正是怎樣的人，適合做什麼，才能最終有所成就。

畢馬龍效應——想激發潛能，先給自己正確的暗示

畢馬龍是希臘神話裡賽普勒斯的一位國王，他非常喜愛雕塑，於是用象牙精心雕塑了一個美女像，並為她取名「蓋拉蒂」。不久，人們發現這位國王愛上了自己傾注全部心血和情感的塑像，並喃喃禱告期望塑像復活。上帝聽到了畢馬龍的讚美和期待，於是使象牙塑像獲得了生命，成為了他夢寐以求的伴侶。

美國著名心理學家羅森塔爾和雅各布森根據這一「期望與讚美創造奇蹟」的結論，做了一個心理學實驗：羅森塔爾在考察某所學校時，隨意從每個班級抽出三名學生，一共十八人，寫在一張表格上交給校長，並告訴他那些學生是科學鑑定的智商型學生。半年後，他發現這些學生的表現的確超過一般學生，進步幅度很大。他們長大以後果然都在不同領域做出了非凡的成績。

其實這就是暗示的影響，這一效應就是期望心理中的共鳴現象。暗示在本質上使人

的情感和觀念在不同程度上受到別人下意識的影響。因為羅森塔爾的謊言對學校的教師產生了某種心理暗示，左右了老師對學生能力的評價；而老師的心理則透過情緒、語言、行為等方式傳遞給了學生，使他們感受到了來自老師的期待，於是取得了異乎尋常的進步。

這就是暗示的積極作用，人們會不自覺地接受自己喜歡和欽佩的人的暗示和影響。來自他們的讚美和期待往往能夠改變一個人的行為和思想，激發一個人的潛能。一個人得到他信任和崇拜的人的讚美和期待，會變得更加自尊和自信，能夠產生一種積極向上的動力，從而讓自己脫離原本的負面情緒，使平庸的人也變得優秀起來。

想要使周圍的人或者自己變得更加優秀，就要給他無限的期待和讚許，給予他「你必將前程遠大」的暗示，這種暗示能夠創造奇蹟，使被期待者向著你期待的方向發展。

戴爾．卡內基很小就失去了母親，變成一個鎮上最討人嫌的「搗蛋鬼」。他九歲時，父親為他娶了一個「繼母」。卡內基一直認為「繼母」這個名詞會為他帶來霉運，心中抗拒她的到來，並打算戲弄她一番。他與繼母見面時，父親指著他的鼻子說：「以後妳可千萬要提防他，他可是全鎮公認的最壞的孩子，說不定哪天妳就會被這個倒楣蛋害得頭疼不已。」但繼母的舉動卻出乎卡內基的預料，她微笑著走到小男孩的身邊，摸著卡內基的頭說道：「你怎麼能這麼說呢？你看，他怎麼會是全鎮最壞的男孩呢？他應該是全鎮最聰明、最快樂的孩子才對。」

她的話深深打動了卡內基，因為從來沒有人讚許過他。就憑著繼母的一句話，卡內基對她產生了好感，與她建立了友誼。也是因為這句激勵，卡內基長大後成了著名的成功學大師，幫助無數人走上了成功的道路。

一位心理學家曾在他的著作中提到：「稱讚對溫暖人類的靈魂而言，就像陽光一樣，沒有它，我們就無法成長開花。但是我們大多數的人，只是敏於躲避別人的冷言冷語，而我們自己卻吝於把讚許的溫暖陽光給予別人。」

所以從現在開始，不要吝於讚許你的朋友、伴侶、孩子，因為你的讚許將成為他們生命中最溫暖的陽光，照亮他們的人生，同時也幫助你獲得更多友誼、信任和尊重。

始終傳遞給人一種良性暗示，事情往往就會出現轉機；而如果始終向他傳遞不良暗示，事情往往會變得很糟糕，所以不要說「謹防……變壞」或者「小心……」，而應當多說「我希望會非常順利」、「你會做得很好」，因為肯定的語言傳遞的是一種信心，這種信心會影響做事的人，使事情變得更完美，過程更順利。

「鼓勵與讚美能夠使白痴變成天才，批評與謾罵會使天才變成白痴。」請記住這句話。

一心理應用一

（一）如果對某個人抱有一個希望，就要按照那個標準去要求他，把他按照那種人來對待，就會激發他的潛能，使他成為你希望成為的人。

（二）多給予別人稱讚會溫暖別人的心，使之變得更加優秀，並為自己帶來友誼。

（三）管理者對於事情的預先期待，要用肯定性的語言去表述，不要事先將風險誇大或者將過程説成曲折的，否則就可能真的變成「曲折的」。

韋奇定理——辨別心理暗示，避開他人的控制

美國洛杉磯加州大學經濟學家伊渥．韋奇認為：即使你已有了主見，但如果有十個朋友看法和你相反，你就很難不動搖。這就是著名的「韋奇定理」。每個人都會受暗示的影響，如果為數不少的人與你持相反的意見，那麼，你就會不由自主地相信眾人。

《戰國策．秦策二》曾記載了這樣一個故事：曾參住在費邑，有一個與他同名同姓的人在外鄉殺了人，於是一股「曾參殺人」的風聞便席捲了曾參的故鄉。第一個人告訴曾參的母親「你的兒子殺人了」，曾母不為所動，因為她相信自己的兒子是不會殺人的，於是她繼續安之若素地織布。沒過多久，第二個人也跑來對曾母說「曾參真的在外面殺了人」，她還是在那不慌不忙地穿梭引線，繼續織布，但心裡已經起了懷疑；又過了一會兒，第三個人跑來說「曾參真的殺人了」，曾母害怕了，急忙扔下手中的梭子，端起梯子，越牆從僻靜處逃走了。

人們對於別人再三的意見或傳言、暗示總是持著相信的態度的，即使是一些不切實際的說法或者錯誤的意見，也會因為說的人很多或者另外一個人的再三強調，而使得當事者信以為真。生活中我們往往可以看到這種現象：一群人遇到一個岔路口，當一個人做出了自己的選擇時，如果與眾人的選擇相反，那麼很快，他可能也朝著眾人選擇的路口走去；當一個人做出決定時，如果周圍的人都反對他、懷疑他，他就很少能堅持自己的意見，就算能夠堅持，也往往因為大多數人在過程中對他的否定而導致失敗。

記得有這樣一個故事：一群螞蟻將要比賽，看誰能最先爬到一塊高高的大岩石上去。於是，一群不參賽的螞蟻來觀戰。觀戰的螞蟻開始就說：「石頭那麼高，能爬上去嗎？」一批螞蟻聽了，看看面前的石頭，產生了退意，於是眾螞蟻嚷道「太高了，根本爬不上去」，第一批螞蟻就留在了原地；另一些螞蟻，看到一些螞蟻留在了原地，開始猶豫不決，但也爬到了一半高，這時觀戰的螞蟻繼續嚷道「太高了，累了吧，怎麼能爬得上去，下來吧」。於是，這批螞蟻也下來了。隨著觀戰的螞蟻越來越多，議論越來越傾向於爬不上去，越來越多的螞蟻都選擇了退縮。最後只有一隻小螞蟻爬到了石頭的頂端，螞蟻們紛紛問牠怎樣做到的，發現牠原來是一隻聾了的螞蟻。

所以，不要只顧著向對手放煙霧彈，也要衡量一下自己是否能夠不受影響，否則自己的暗示最終導致自己也被「煙霧」迷散了，就得不償失了。競爭的雙方不但是對手，也是夥伴，因為你們要面對的是眾多的旁觀者，而旁觀者的暗示常常會令你們兩個都產生困擾，尤其是對於心志不夠堅定的人，產生的影響是很難預測的。

韋奇同時認為，許多偉人之所以成功，就在於比別人看得更高、想得更遠，更堅定地忠於自己做出的選擇。對於世人來說，最卓越的成功者只占人群的五%，他們的意見註定和大多數人不一樣，所以最終才能勝出。其實，只要你的意見是建立在對客觀情況的準確把握上，並能堅信自己是正確的，人們漸漸也會相信你是正確的，並朝你靠攏。對於眾人的暗示，一定要有自己的判斷，大到選擇職業、婚戀，小到出遊、購物，都應該依據事實，自己做出決定。眾人的意見要聽取，但要有主見，有核心力量才可能不受負面影響。

一心理應用一

（一）凡事有自己的主見，意志堅定，不要因為旁觀者的議論而產生退意。

（二）一定要根據事實做出自己的決策，並始終忠實於自己的選擇，才可能成就偉大的事業。

活用暗示，為自己趨吉避凶

心理學家認為人們都有這樣一種傾向：人們會不自覺地維護自己的「自主」地位，不願意接受別人的干涉或者控制。從這個角度來講，暗示的作用往往要比指示、命令或直接勸說產生的效果更好。

這一點常常被商人們反覆使用，比如廣告宣傳中宣傳使用了自己的產品，效果會多麼好，這種暗示就比直接勸說對方購買要好得多；還有一些商家會找人裝作買東西，造成很多人購買的假象，引誘別人去購買，這也是利用了「心理暗示」。

某種酒推廣的方法就是讓自己的員工都裝成老闆，吆喝著去大餐廳吃飯，點上幾千塊錢的菜，然後問「有沒有某某酒」，餐廳老闆沒聽說過，然後如實回答沒有，結果一單幾千元的生意就沒有了。如此反覆了幾次，餐廳老闆們都意識到「某品牌的酒是商人們都喜歡的，是留住客人的法寶」。於是，這種酒一時風靡了大江南北，市場一下子就被打開了。

這就是利用了人們更願意接受暗示而不是勸說或建議的心理。這種暗示的方法能夠比任何方式更讓自己占據主動，讓他人更樂意接受自己的勸說或者建議。暗示也有多種方法和技巧，只有按照一定的規律進行有技巧的暗示，才可能收到更好的成效，否則對象不對或者方式不對就等於「對牛彈琴」，是沒有效用的。

感染性暗示，即用感染的方式暗示他人按照你的方法去做，比如哄小孩子睡覺，如果直接命令他「該睡覺了」、「閉上眼睛」，效果通常是很差的，反而可能使孩子更加興奮或抗拒。這時，不妨選擇感染性暗示，對他講個故事等，不久孩子就會安靜入睡。對於感染性暗示，可以應用在容易接受暗示、感染別人情緒的群體中，比如學生或者涉世未深的年輕人。

期待性暗示。曹操「望梅止渴」的故事運用的就是「期待性暗示」。他運用了士兵們口渴對梅子的期待，讓他們口中生津，鼓起了士氣和力量，一鼓作氣翻過了山丘，到達了水源。這種暗示一定要運用施加暗示者的權威效應，否則是不會達到目的的。如果是曹操以外的某個士兵說看到了「梅子」，大家肯定會懷疑他，效果就不能顯現出來。想要為大家「畫餅」，就一定要讓人相信「餅」的真實性，就要求「畫餅」人的權威。

幻想後果性暗示。賈詡是曹操非常看重的謀士，一次曹操特意摒退左右，向賈詡請教立太子一事。賈詡面露難色，故意不答，曹操問他為什麼知而不答，賈詡說自己正在想事情，所以沒有回答主公的問話。曹操問他想什麼，賈詡漫不經心地答道：「思袁本初、劉景升父子也。」袁紹和劉表正是因為廢長而立幼，使得身死後兄弟鬩牆，霸業成流水。賈詡並沒有明白地表明支持誰或者給曹操建議，只是一個暗示就使得曹操下定了立曹丕為太子的決心。

這就是利用「幻想後果性暗示」取得的效果，通常要運用前車之鑑的事例，讓對方自己想像事情的糟糕後果，再做決定。當然，最好還要對方能夠有足夠的領悟能力，否則就有「對牛彈琴」之虞，這種暗示常常用於對比你地位高的人提建議，委婉而容易被接受。

暗示現象在日常生活中是普遍存在的。如果不能夠給予別人明顯的建議或者當他人不容易接受你的勸說、指示或建議時，不妨利用暗示之道。只要掌握一定的技巧，就能夠把主動權掌握在自己手裡，讓別人不自覺地接受你的看法。

一心理應用一

（一）用自己的話感染他人的情緒，可以讓對方迅速接受暗示，照你的話去做。

（二）用權威性暗示，對方會因為惑於權威而照你的意願去做事。

（三）用前車之鑑的暗示可以使對方迅速意識到自己的錯誤，自覺遵從你的建議，委婉的方式能達到最好的「諫言」效果。

第七章
高效溝通的心理學

投射效應——高效溝通的心理學

投射效應是一種認知傾向，它是指人們常常以己度人，認為自己具有的某種特性，他人也一定會有與自己相同的特性，從而把自己的感情、意志、特性都投射到他人身上的認知傾向。不過這種認知傾向對於旁觀者來說卻是有好處的，我們可以透過他眼中的世界去洞悉他的內心。

就像照鏡子一樣，既然別人能夠透過鏡子判斷另外的人，我們也能夠透過鏡子去看他的真實面貌。

北宋著名學問家蘇軾和佛印和尚是好朋友，一次，蘇東坡去拜訪佛印，蘇東坡開玩笑地與佛印開玩笑說「我看你是一堆狗屎」，而佛印則微笑著說「我看你是一尊金佛」。蘇東坡覺得占了便宜，得意洋洋地回家了，並向蘇小妹提起這件事，蘇小妹笑著說：「哥哥你輸了，佛家講究『看任何眾生皆是佛』，你看別人是什麼就表明你自己是什麼，這個偈語啞謎你輸了。」

日常生活中我們也常常看到，心機深沉的人常常認為事情「另有真相」，「一定有哪裡藏著隱情」；而心思單純的人則常常會覺得「怎麼會呢」。有野心的人總認為別人不可能滿足於自己給別人的；善良的人總認為大多數人是善良的，這個世界是很美好光明的。一個總是算計別人的人，往往認為別人會算計他，並充滿戒備；敏感多疑的人總認為別人不懷好意；一個重視金錢的人總認為「別人做事一定是為了他的錢」；嫉妒心重的人則總是認為別人的敵視是因為對自己的嫉妒，所以透過他對事情的態度、對別人的評價能夠看透一個人的內心，針對他的內心性格特徵，往往能尋找出攻心的方法。

在戰場上，對峙的雙方往往能夠根據對方的一舉一動，來洞悉對方將領的內心情緒或者戰局，以決定自己的策略。

《資治通鑑》中就記載了這樣一段歷史，司馬懿和諸葛亮在北原對峙一百多天，司馬懿遵守明帝「堅壁拒守，以逸待勞」的指示，堅守不出。於是，諸葛亮派人送司馬懿女人的巾幗和衣裙，諷刺他像女人一樣怯懦，以激怒他出戰。司馬懿看後則認為諸葛亮之所以「出此下策」，實在是到了山窮水盡、無可奈何的地步。於是，順水推舟只假裝上書請戰，諸葛亮評論道：「司馬懿本來就沒有出戰的意思，之所以堅持請戰，只是為了激勵士氣而已，否則『將在外，君命有所不受』，何必要不遠千里請示皇帝呢？」這兩位都是可以根據纖毫現象洞悉他人的高手，所以幾次交鋒，互有勝敗也就不足為奇了。

但是依據「投射效應」揣度他人的性情也有失準的時候，如果對方是依據客觀事實而非主觀印象，來推測別人的性情或者事情的發展的話，那麼對於這個人的揣測就會「以小人之心度君子之腹」了，這個人就必定是理性的。

人都有一定的共通性，所以為人分類可以看到對方的主要特質，從而能夠洞悉他的內心，瞭解對方的軟肋。

但是人與人之間畢竟有差異，推測也總有出錯的時候，這就需要我們根據具體情況的不同而揣測出他人細微的差別之處，而不可以籠統地概括，否則就容易犯下大錯。

諸葛亮擺「空城計」之所以能夠成功，就是利用了司馬懿的多疑心理，其次還運用了投射效應的誤差性，因為平時諸葛亮用兵都是非常謹慎的，所以偶爾大膽一次才迷惑了司馬懿的雙眼。如果司馬懿能夠仔細分析、思索一下，就能夠發現，諸葛亮不可能在短時間之內調來那麼多的重兵，而他的悠閒只不過是「虛張聲勢」罷了。

—心理應用—

（一）聽聽一個人眼中的世界、眼中的他人是什麼樣子，往往就能夠明白他的性格是怎樣的。

（二）可以根據他人的一舉一動來洞悉其心理變化，從而做出應對之策。

（三）利用「投射效應」得出的結論會有誤差，一定要謹慎，並根據事實做出調整。

反彈琵琶術——用反對回應反對，負負得正收服叛逆

反彈琵琶這一術語來自敦煌壁畫上的藝術形象。反彈著琵琶，其藝術效果讓人嘆為觀止，遠遠勝於普通的現象，人們把這一效果運用到批評領域當中，果然比嚴厲的批評更加令人接受和心悅誠服，因此被稱為「反彈琵琶效應」，意思即把原本要批評的過錯不予直接批評，而是充分肯定或表揚其長處，使之進行反省，進而認識錯誤，改正過錯的現象。

有些人，尤其是處於叛逆期的青少年，往往反向心理相當強，越禁止的事情越要做或者越是面對嚴厲的批評、指責越是不服，反而要用叛逆的行為加以反抗。面對這一心理，如果直接指責或批評往往會有相反的作用，使其在錯誤的道路上越走越遠，這時不妨採取反彈琵琶的方式，以表揚的方式來達到批評的效果，可以使其更深刻地認知到自己的錯誤，這對於叛逆的人反而更加有效。前蘇聯教育學家蘇霍姆林基曾談到這樣一件事：一

天清晨，校長看見一個女孩子在花園裡折了幾枝鮮花。他並沒急著批評這個女孩子，而是關切地問孩子發生了什麼事，為什麼要摘鮮花。孩子告訴校長自己的奶奶病了，她非常喜愛鮮花，但自己沒法買到。校長意識到必須保護這顆天真善良的心，於是特地送給女孩兩束花，並對她說「一束花送給奶奶，祝她早日康復，另一束送給你的父母，謝謝他們培養出了如此愛長輩的孩子」。這種教育方式引起了學生的極大感激，從此在學習和品格方面都大有進步。因為這種批評方式造成了小女孩的心理失衡，本來犯錯誤之後要得到批評，現在反而得到表揚了，為了緩解這種緊張心理，就會產生自責心理，萌生改過自新的念頭，一定要做「表揚中的那種孩子」來恢復心理平衡，從而使自己的行為得到改善。

生活中很多人也善於使用這種「反彈琵琶」的方式來處理自己的生活和情感，從而喚回自己迷失的伴侶。濛濛是一個熱戀中的女孩，一次她從男朋友手機上發現了他與另一個女孩的曖昧簡訊，於是將手機和那幾則簡訊放在了明顯的地方。男朋友看到後以為她會大吵大鬧一番，甚至做好了趁機分手的準備，但濛濛並沒有那樣做，反而嬉笑著說「你好大的魅力啊」，然後繼續做手裡的事。她男朋友反而希望這時濛濛來嚴厲指責他一番，否則心裡總感覺愧疚，於是收起了自己的「花心」。濛濛就是利用了這種「愧疚」心理保衛了自己的愛情。人們犯錯誤後都有一種「愧疚」心理，一旦得到批評，他們的心理包袱就放下了，「愧疚」心理也隨之消除，反而效果不佳。不如不加責怪，讓他永遠「愧疚」著，反倒更能自責，從而改正錯誤。

其實，反彈琵琶效應不一定只在批評領域有效，在其他領域同樣有效，因為人們普遍有反向心理，尤其對於反向心理特別強的人來說，與其禁止某件事或者鼓勵他做某件事，不如利用他們的「反骨」，反其道而行之，更能讓他們按照自己的意願來做。

一位主管就是利用這種「反向心理」來禁止女孩子在上班時間化妝的。女孩子們在上班時間化妝往往影響工作效率，而且被客戶看到會為公司帶來很壞的影響，因此公司嚴禁在上班時間化妝，但屢禁不止。這個命令傳到某部門主任那裡的時候，那位主任並沒有嚴厲訓話或罰款，只是關起門，對自己的員工說：「本來就長得難看，再不讓化妝，還讓不讓人活了，孩子們，化吧，但一定要記住到洗手間化妝。」從此這個部門的女孩子們全部素顏，因為誰也不想讓人認為自己是因為「太醜」才化妝的。這就是「反彈琵琶」的好處，往往能夠利用人們的反向心理達到自己的目的。反向心理是每個人都有的，但是卻不適合對每個人都運用，只有對那些叛逆心特別強、一定要和別人「針鋒相對」的人運用才能達到更好的效果。

心理應用

（一）運用人們的「愧疚」心理，在其犯錯後不加指責和懲罰，讓他自己反省和改過會有更好的效果。

（二）對叛逆心過強的人，反面的暗示反而比直接鼓勵和命令或禁止更有效。

對待猶豫不決的人，不妨推他一把

布里丹教授養了一頭小毛驢，他每天都要向附近的農民買一堆草料來餵牠，但有一天農民出於對學者的仰慕，多送了一堆草料在旁邊。這回可為難壞了小毛驢，因為，牠不知道先吃哪堆草料好，於是猶豫不決，對比一下數量再看看品質，完全沒有分別，於是這頭可憐的小毛驢就在猶猶豫豫、無所適從中餓死了。香港電影《購物狂》中就有一個角色有嚴重的選擇恐懼症，甚至不能為自己決定一頓午餐，不知道自己到底愛誰。

現實生活中我們常常可以看到這種猶豫不決的人，無論挑選什麼永遠選不定，要麼眼花撩亂，要麼在兩者或者三者之間猶豫不決，以至於錯失良機。

跟這種人交往，往往也是一種耗費腦力的勞動，因為他永遠處在猶豫選擇狀態，往往讓你也覺得神經錯亂。如果身邊有這類朋友，最好的方法就是推他一把，因為無論如何決定，都比無法決定要好得多。

生活中，人們常常面臨著種種選擇，而各種選擇也肯定各有利弊，如果一味思索、衡量利弊得失，往往會舉棋不定，這時候想得越多往往失去得越多，只有迅速決策、當機立斷才有可能有所得。

法國一家報紙曾進行過這樣一次有獎智力競賽，「如果有一天，法國最大的博物館羅浮宮失火了，情況只允許搶救一幅畫，你將首先搶救哪一件藝術品呢？」人們苦苦思索，這時候該報收到法國著名作家貝爾納的答案：「搶救離出口最近的那幅畫」。

是的，羅浮宮的每一幅畫作、每一件藝術品都價值連城、無可複製，與其陷在選擇哪一個的矛盾當中，不如隨便選擇一個，只要能夠實現就很值得。

對於習慣於猶豫不決的人，不要替他做決定，因為如果這樣，日後他可能因為自己的所選而後悔，最終將責任推到你的頭上。

最好的做法是，當他猶豫不決時，推他一把，告訴他你認為哪個好一些，把最終決定的權利交給他。這樣才可能讓他逐漸掌握選擇的竅門，最終自己做出決斷。

銷售人員小青在某家服裝店裡的平均銷售業績是最好的。大家問她原因，小青講出了自己的一次經歷。

一次，一個女孩子由朋友陪著進來選購衣服，但是她看上了三件衣服，品質、價格、款式都各有千秋，不分伯仲，女孩子難以決斷。身邊的朋友告訴她「要麼都買走，要麼都留下，因為選擇哪一件，你將來都會後悔」。

這時，小青走過來指著其中的一件告訴她：「你穿這一件才是效果最好的，不信你比一比。」

結果，女孩果然覺得那件比另外兩件適合她多了，於是選走了一件。

同事們都問她為什麼不建議女孩都買走，小青回答道：「如果我這樣建議了，她有可能一件都不會買，再者做生意要看的是長遠，如果客戶購買的時候感到為難，那麼她在以後穿的時候也會感到為難，就容易把罪責歸到店裡，從此不再來。而且，這三件都很漂亮，但只要有人確切地告訴她某一件更漂亮，她潛意識裡就會認可那個人的主意和品味，從此選擇這家商店的這個售貨員購買，只因為她能給她正確的建議。」這番分析引起了一陣掌聲。

一心理應用一

（一）對於猶豫不決者來說，推他一把，告訴他哪個更適合他，要比「巧舌如簧」更重要。

（二）作為這類人的朋友，建議永遠比分析要重要，不要告訴他事情的利與弊，也不要告訴他兩種選擇的優缺點，只要告訴他，你覺得哪種抉擇更加好就可以了。

（三）如果他猶豫不決，而你又是他身邊唯一能夠對他提建議的人，那麼他就會傾向於認為自己也是這樣感覺的，從而將你引為知己，按照你的意願來做事。

對於貪心的人，學會跟他討價還價

雨果的名著《悲慘世界》中曾描寫了這樣一個片段，當尚萬強試圖從泰納第手中救出芳婷的孩子珂賽特的時候，泰納第千方百計阻撓，只不過是為了詐騙出更多的錢。文中極為傳神地描寫了泰納第的心理：「這人雖然穿件黃衣，卻顯然是個百萬富翁，而我，竟是個畜生。他起先給了二十個蘇，接著又給了五法郎，接著又是五十法郎，接著又是一千五百法郎，全不在乎。他也許還會給一萬五千法郎。我一定要追上他。」

他從希望毫無代價地趕走珂賽特到詐騙了一千五百法郎還不甘心，只不過是自己的貪婪所致罷了。對於這樣貪心不足的人，最好的方法不是給予他更多，而是將他僅有的一點點也剝奪過來。尚萬強錯在不應該給得太多，而應該討價還價。

這段對人的貪心刻畫真是入木三分，對於貪婪的人來說，給得越多往往越使他無法滿足。現實生活中我們常常可以看到這樣的現象，剛開始某同事只是向你借一百塊錢，你痛快地答應了，不久後沒有還錢卻又向你借一千元，如果這次你再痛快地借給他而且不規定歸還日期的話，他半年後就能向你借一萬元；給予貪婪的人越多，他的欲望越沒法滿足，就像童話裡的老太婆從洗衣服的木盆要到做女皇，他們的胃口往往是無法填滿的，而且會越來越大。

面對這種人，只有一個辦法，就是學會跟他討價還價，給他一點小便宜可占，但永遠只是一點點，他希望要一百塊錢的禮物而不付出任何東西，你就只給他五十塊錢的禮物，而且要心不甘情不願地給，既能夠讓他知道你的底線，還能夠讓他滿足。這樣才能遏制他的貪欲。

世界上永遠有那麼一種人，總希望所有的便宜都被自己占盡而不付出一點點代價，甚至一點虧都吃不得，否則就會重重地報復別人。

面對這種人，如果針鋒相對，不肯捨掉一點點利益，往往被他仇視，因為他已經被人「讓」慣了，但如果任他予取予求，他則會越貪越多，直到你不能承受，而且一旦你拿不出他要求的，還會招致他的仇恨。給他一點討價還價的小便宜占占，讓他意識到自己占了小便宜，但已經到了對方的底線，他就不會再來騷擾你。

有個故事，開車的王平不小心撞到了騎自行車的小李，小李的腿劃破了，王平只好帶他去看醫生，當時小李要求看病的錢須由王平出，王平沒有意見，全部付清了。後來，小李見王平大方而且軟弱可欺，就要求王平賠償他的損失費——不能上班，自然會有損失。王平一想「也是應該」，於是就按照他的要求，給了他一筆錢。結果，小李一看，認為王平肯定是個不在乎錢的老好人，於是獅子大開口，又是營養費、又是請特別看護照顧的費用、又是精神損失費等列了一張清單。

王平一看，心裡明白遇到個想趁機勒索的人了，立刻要求鑑定事故責任，要求按照保險公司的賠償準則來處理，結果小李一看這架勢，似乎要把已經給自己的錢還要收回去一部分，立刻就要求不必了，「太浪費時間了」。

貪得無厭的人沒有適可而止的觀念，他們的貪心就像蒲松齡筆下的狼一樣，前狼止而後狼又至，沒有滿足的時候。

讓對方吃點肉，再挨上一刀，就是讓對方適可而止的好辦法。當然，內心貪婪的人往往也不可能取得什麼大的成就，充其量就是在財物或者榮譽上有一點點貪心，儘管討厭但不至於做出令人仇恨的事來。

心理應用

（一）在讓著對方之前，一定要讓對方意識到，這種便宜是你故意讓給他的，而不是他應該得到的，如果不是因為你大方、好心，對方什麼都不可能拿走。

（二）讓對方看到你的底線，而且你有隨時反悔的可能，對方就會緊抱著那點小便宜快快逃開。

面對疑心重重的人，給他安全感就對了

多疑的人往往內心缺乏安全感，對別人的行為和目的總抱持著懷疑的態度，心中總是疑雲重重，所以這樣的人往往感覺與其交往的人懷著異心，或者別人說的兩句話也要分析過來、琢磨過去，看別人有沒有言外之意。

跟敏感多疑的人相處往往也是困難的，因為跟他們在一起時，說話總要小心翼翼，一個笑容甚至眼神，也能被他們理解成嘲笑或者敵意，跟他們交往往往很壓抑，但世界上總有各種不同性情的人，你也許就會遇到一個多疑、敏感者，怎樣相處才能讓雙方都感覺舒適呢？

說話做事都坦然就能夠逐漸減少他的疑心。越是說每句話都看他的臉色，越容易引起他的疑心，因為他在潛意識中就認為，會看人臉色說話的人必然心思細密。說話不在意者，他會認為，這個人沒有心眼，就是個大大咧咧的人，說什麼都是自己的心裡話，自然就不會加以懷疑了。越是與敏感多疑的人談話越應該直視對方，話語坦誠，神情不要躲閃，說話不要拐彎抹角，而應直來直往。

話題應該多涉及對方感興趣的地方或者對方的優勢，多以讚揚、鼓勵之類的正面語言去談論或敘述。這樣他就會認為，你的心理起碼是光明的，因為你對別人的評述都是看正面的，說明你心中的黑暗面比較少，自然能夠消除對方的懷疑。再者，讚揚對方還能夠樹立他的自信，從而減輕多疑心理，因為多疑是自卑心理產生的，因為對自己不滿，所以對他人也沒有把握，就產生了懷疑。

英國哲學家培根說過：「猜疑之心猶如蝙蝠，它總是在黑暗中起飛。這種心情是迷陷人的，又是亂人心智的。它能使人陷入迷惘，混淆敵友，從而破壞人的事業。」既然猜疑之心總要在黑暗中起飛，那麼，把你的言行都放到光明的地方任憑對方審視，也未嘗不是一個消除對方疑心的方法。

歷史上，大人物往往容易患多疑症，而且越是有野心且處在危險境地的人就越容易多疑。曹操刺殺董卓未遂，逃回家鄉，途中借宿呂伯奢家中，在屋中突然聽見後院磨刀霍霍的聲音，又聽見人說「綁起來再殺」，就懷疑呂伯奢要謀害自己，於是衝出去將呂家上下都殺光了，結果搜查到廚房才看見一頭豬被綁在這裡準備宰殺，才知道自己疑心過重，錯殺了好人。

很多時候，人們之所以出現猜疑，與有些人喜歡故弄玄虛或者樂意為別人製造「驚喜」有關。遇到多疑的人，一定要首先將自己的行為講清楚原因和目的，不要讓他猜，尤其是對好些身處險境的人更應該如此。當然，野心重且身處上位的人，當不能掌握屬下或者被「功高震主」的時候，也容易有猜疑之心，這樣的人只要給他足夠的安全感，就能消除其疑心，與他和平相處。

秦國大將王翦不但用兵如神，而且善於揣測上位者的心思，消除對方的疑心。秦始皇開始時向王翦請教攻打楚國需要多少人馬，王翦說需要六十萬，而將軍李信說只要二十萬，王翦並沒有說什麼就稱病回家了。結果李信大敗，秦始皇親自找到王翦要他帶兵，王翦就藉機向秦王要求賜給他良田美宅才肯出戰。秦始皇說道：「你好好打仗，還怕委屈你嗎？」王翦回答道：「為大王將，有功終不得封侯，故及大王之向臣，臣亦及時以請園池為子孫業耳。」於是，王翦帶兵六十萬出征了，途中又五次向秦始皇要「園池」。手下開始鄙視他的為人，王翦道出了其中緣由：「秦王生性多疑，現在把全國所有兵力都給了我，他不會完全放心。我向他討要房子和地，明裡是自己為兒孫打算，實際上是表自己的忠心和沒有野心而已。」的確，秦始皇聽了王翦的要求，認為王翦為人太小氣，這樣小氣的人野心自然就小，對自己的威脅當然也小，於是放心地放他去帶兵。

一心理應用一

（一）想要去除別人的疑心，就要千方百計地讓他有安全感，不讓其感到威脅，自然就會對你信任有加了。

（二）越是與敏感多疑的人談話，越應該直視對方，話語坦誠，神情不能躲避，方能減少對方的疑心。

第八章

出人頭地的心理學

過度理由效應——獎勵用得好，人心抓得牢

心理學上有一種現象：人們總是為自己的行為尋找原因，以力圖使自己和別人的行為看起來合理，並且一旦找到看似合理的外部原因，就很少能夠繼續深思下去，這就是過度理由效應。生活中我們也常常有這樣的體驗：父母為兒女或者妻子替丈夫買了一件衣服，誰都不會感覺奇怪，因為他們是最親密的人；然而如果兒媳為自己的公婆或者女婿為岳父岳母準備了一件小禮物，長輩們則會感激涕零，因為他們認為你本來不必這樣做，可這樣做了一定是因為「你想討得他們的歡心，得到他們的認可」，自然會和你的關係更加親密。如果陌生人給了你一個小小的幫助，你立刻會感激這個「樂於助人」的好心人。

心理學家們也透過實驗證明了這一點：德西和助手們以一些大學生為被試者，請他們分別單獨解決誘人的測量智力的問題。實驗分為三個階段，第一個階段對被試者都不予獎勵，結果發現人們都對解題有很高的興致；第二個階段，被試者分為兩組，A組不給

報酬，B組每解決一個問題給一美元的報酬，結果發現A組仍在繼續解題，而B組在獲得報酬時解題十分努力，失去報酬的時間則明顯失去解題的興趣；第三個階段，被試者想做什麼就做什麼，結果發現A組所有大學生還在繼續解題，而B組則完全失去了興趣。

這個實驗說明，人們為了使自己的行為看起來合理，常常要替自己的行為尋找原因，不管這個原因是否差強人意。在做事時，不妨利用這一點，可以有效幫助你讓人們的行為按照你的意願來實施。

當你希望別人的某種行為繼續下去的時候，就不要替他找任何外部理由，讓他純粹因為自己的興趣愛好、自娛自樂地做下去。比如，孩子喜歡彈琴、畫畫或者做家務，如果你因此而用金錢或者其他方式來獎勵他，那麼當你忘了施用這種方式的時候，孩子做事的熱情就會消減。同樣，如果你為了保持別人熱情高漲地為你做事，而用薪酬或額外的獎金來獎勵對方的時候，暫時的確有效，但時間長了，這種獎勵就會成為「過度理由」，效果反而不如從前。單純的物質刺激很難使人保持持續的熱情，想要激發其內在動力，不妨使用一些精神上的激勵，激發其內在動力。當你想制止某人的某種行為時，不妨替他找一個明顯的外在理由，即使非常差強人意也無所謂，然後再把這種獎勵撤去，對方自然就不會再去持續這種行為。

有這樣一個故事，一個農場主人蓋了一座莊園，請人們來參觀，但很多人都踩踏在草坪上，以至於將草坪踐踏得不成樣子。於是，農場主人寫上「禁止踩踏草坪」等牌子但都無效，草坪依然被人們弄得東倒西歪。管家則想了一個辦法，他讓主人請踩踏草坪的人吃了一頓大餐，結果這件事傳揚開來，無數人都享受了幾次美餐。後來，主人只是微笑著站在門口，再也不用大餐招待眾人了，於是人們失去了拜訪的樂趣，農場主人又獲得了自己的寧靜。

當你看到某種顯而易見的外部理由並不成立，甚至是一種無稽之談時，不要太快的嗤之以鼻，而要耐下心來尋找真正的內部原因，往往能夠幫你獲得事實真相，更有利於解決事情。比如，一個客戶向通用汽車公司打電話抱怨自己的車子對香草冰淇淋過敏，只要每次他買的是香草冰淇淋，車子就不能發動，而如果是其他口味，車子就會很順利發動，要求公司幫其「想想辦法」。面對這種奇談怪論，人們往往會嗤之以鼻，暗示對方是感覺的原因，不過通用汽車公司卻沒有這樣做，而是派出自己的工程師去查找原因。結果發現，因為人們喜歡吃香草冰淇淋，所以這個口味的往往單獨放在一個冰櫃中並放在商店的前端，所以，買此口味的冰淇淋用的時間要縮短很多，而買其他口味則要浪費很多時間。問題就出現在多浪費的幾分鐘上，因為這段時間可以讓汽車的蒸汽鎖有足夠的時間散熱，就能很快重新發動。找到了原因，工程師就向總部報告了這件事情，後來通用汽車公司研究出一種散熱更快的蒸汽鎖，從而解決了問題，通用的汽車也更加受歡迎了。

—心理應用—

（一）要想達成願望，就不要為人們的行為尋找物質或外在刺激的理由。

（二）想要禁止一件事，就為人們的行為尋找或製造一個理由，然後把理由撤掉，人們自然就不做了。

踢貓效應——遷怒只會讓自己越來越怒，甚至擴大傷害

有這樣一個故事：某公司董事長早上看報看得太入迷，以致忘了時間，為避免遲到，他超速駕駛了，被警察開了罰單，最後還是誤了時間。這位董事長非常憤怒，於是將銷售經理叫到辦公室訓斥一番。銷售經理挨訓之後，氣急敗壞地將祕書叫到自己的辦公室並對他挑剔一番。祕書無緣無故被人挑剔，自然一肚子氣，就故意找接線員的麻煩。接線員無可奈何回到家，對著自己的兒子大發雷霆。兒子莫名其妙地被父親痛斥也很惱火，便將自己家裡的貓狠狠地踢了一腳。

這就是人與人之間的「洩憤連鎖反應」，這是因為一個人心情不好時，潛意識會驅使他選擇下屬或無法還擊的弱者發洩，所以人的不滿情緒和糟糕心情通常會沿著等級強弱組成的關係依次傳遞，由金字塔的頂端一直擴散到最底層。

人的情緒是會傳播的，因此一定要學會控制自己的脾氣，保持情緒穩定、頭腦清醒，才能為自己和對方都留出一定的天地。在生活中我們常常可以看到，一個人會因為批評或者某些煩心事而心存怨氣，這些怨氣往往以對別人發怒的形式發散出來，從而引起別人的怨氣，反而容易激發更多矛盾。

即使人際關係日後能夠彌補，但造成的傷害卻不可能一時之間平復，人際關係受到的損傷也會永遠存在，雖然向弱者發洩會將這種危害降得低一點，但誰又保證那個「弱者」以後一定不會和你成為同位階的同事或者對手呢？而他受到的「怨氣」又怎能保證不會變成「報復」的理由呢？再者，胡亂發脾氣還會替工作帶來混亂，負面情緒會影響工作的效率，使得「士氣低迷」，最終導致工作受阻。

三國時，張飛脾氣非常暴躁，他在閬中鎮守時，聽說二哥關羽被害，旦夕號泣，血淚衣襟，並喝得酩酊大醉。酒醉後，怒氣更大，帳上帳下只要有過失士兵就鞭打他們，以至於多有被鞭打至死的，並下令軍中，限三日內製辦白旗白甲，三軍掛孝伐吳，但部下張達、范疆稟告一時無法完成，張飛鞭打了二人，並威脅完成不了就將二人斬首。張飛這天夜裡又喝得大醉，臥在帳中。范、張二人探知消息，初更時分，各懷利刀密入帳中，就把張飛給殺了。

一員勇猛大將只因為不能控制情緒，隨意遷怒他人，就被手下殺害，可見負面情緒隨意發洩的嚴重性。只有保留一定的清醒，用寬容的態度對待他人，不隨意發洩脾氣才能保住自己的權威和風度，眾人才可能心悅誠服。

每個人都會遇到壓力，都會有不高興的時候，這種情緒隨意發洩出去容易造成嚴重後果，憋在心裡又容易使自己身心受到傷害，怎樣才能保持心理的平衡狀態呢？

其一，要學會「制怒」。面對突發事件要控制住自己的情緒，厭煩、壓抑、憂傷、憤怒等消極情緒會造成緊張，甚至是充滿敵意的氣氛。即使你沒有遷怒、打罵他人，他人也會因為你臉上的怒氣或者面無表情的臉而產生懼意，而這樣的壞情緒會直接影響周圍人的情緒。所以，當情緒變壞時，一定要讓自己冷靜下來再去面對他人。將脾氣控制在一定範圍內，先處理好自己的心態，再去處理事情，長期堅持下來，就能夠控制自己的怒氣，做到自己的情緒不影響他人。

其二，學會正確的發洩，而不要隨意遷怒他人。怒氣長期憋在心裡，對自己的身體和心理健康都是有害的，因此一定要學會正確發洩或疏導自己的不良情緒。可以將自己心中的憤懣和不平向關係親密的人傾訴，得到他們的安慰，或者僅僅是傾訴也能夠消除你的怒氣；向使自己憤怒的人說明你的不滿，並表達出自己的意見，往往可以使矛盾解除；

用恰當的方式發洩自己的不滿，比如打拳洩憤等，都可以將怒氣發洩出去。

一心理應用一

（一）憤怒時千萬不可亂發脾氣遷怒他人，可以暫時迴避使你憤怒的環境，避免刺激。

（二）發怒前一定要盡量使自己冷靜下來，再決定怎樣做。

（三）找到合適的發洩管道，才能保持心態平和。

以退為進——
當對方放鬆下來，反而能夠讓你掌握優勢

兵法上有一條「後發制人」，意為等對方先動手，再抓住有利時機反擊，制服對方。在看不清形勢或者彼此之間對峙過於緊張、己方占據弱勢的時候，運用它，反而可以為我們帶來先機。

拳頭退回去是為了更好的出擊，生活中我們也往往可以看到這樣的事例，長跑當中，人們往往保存實力，直到臨近終點時，再加以衝刺，剛剛位於第二、第三者反而成為冠軍；尺蠖在爬行之前，總是先屈起身體，然後再求伸展；談判之前，總是先敘舊情，等到對方心理鬆弛下來了、氣氛融洽了，再錙銖必較地討價還價，反而能夠爭得更大的利益，這就是彈性的「以退為進」之道。

歷史上有很多戰爭都是善用以退為進，總是首先避開對方的鋭氣，當他們心理放鬆

時再加以進攻，往往就能取勝。在《左傳．莊公十年》中記載了一段「曹劌論戰」的故事，魯莊公十年春，齊國軍隊來攻打魯國，魯莊公準備應戰，曹劌求見，並參與了作戰。魯齊軍隊在長勺作戰，莊公開始打算命人擊鼓進軍，曹劌不答應，並仔細聽著齊國的軍隊敲鼓，直到對方敲了三次鼓才說「可以進攻了」，後來果然大勝。莊公問他這樣做的原因，曹劌回答道：「一次擊鼓是為了振作士氣，勇士可以出擊，這時出戰就是硬碰硬，弱國容易吃虧；二次擊鼓時士兵的勇氣就低落了；三次擊鼓時對方的勇氣就消失了，這時迎敵，他們的勇氣消失、我方士氣正旺，才能毫不費力地大勝。」

這就是進退之道，掌握好時間差，等到對方心理放鬆、疲憊的時候，再加以進攻，反而能占上風。人們往往急於解決事情，於是總遵守著「先發制人，後發制於人」的原則，總是迫不及待利用對方沒有準備好的時候，迎頭猛擊，以期望一舉成功。這是在對方對形勢不瞭解或者沒有準備好的時候才能運用的戰略。

事實上，相對的雙方很少互不瞭解或者沒準備好。在現代這個資訊發達的時代，任何事情都能夠在幾個小時甚至幾分鐘內理解清楚，做好準備。談判雙方的實力都是對等的，能夠拚的也就是誰的心理素質更好，誰更有耐心，所以更要講究「以退為進，後發制人」。

曾有這樣一個商戰故事，某公司老闆突然病逝，其女兒A小姐接管事務。有些客戶便開始出現了輕視之心，要求將原料的價格提高，這樣就提高了A小姐的成本，而且其他供應商肯定也會群起效法。A小姐本來是不想答應的，但透過協商之後發現不可能，因為合作合約還在期限之內，對方又是長期供應商，於是就先答應了下來。後來，她分析發現，對方的供貨能力似乎不足，於是要求加快供貨進度，必須保證進度和品質地進行供貨。

對方看她已經答應了提高價格的條件，以為她年輕軟弱，便一口答應，後來果然在進度和品質上都出現了問題。A小姐一口氣將對方告上法庭，並解除了原來的合約，其他供應商看A小姐如此強勢，再也不敢輕視她。

正是她之前的「示弱」、「退讓」，讓對方有了輕視之心，才能順利讓她有殺雞儆猴的機會。真正的聰明並不是一味強勢、咄咄逼人，而是在自己弱勢的時候適當退一步。因為退讓可以降低他人的警惕之心，就可以讓自己獲得更多的時間和餘地與對方周旋。

人們常說「老虎也有打盹的時候」，只有趁對方放鬆的時候出手，才有必勝的把握。一個人想要成功，就必須要精通進退之術。不要在對方風頭正盛的時候挫其風頭，而要在他喘息之際進攻，尤其當雙方的實力有巨大懸殊的時候更應如此，首先避其鋒銳，才有可能得到反擊的機會。

—心理應用—

（一）不要在第一時間與他人針鋒相對，不要在他人全神戒備的時候溝通事情，否則效果甚微。

（二）無論做事還是與人交往，一定要趁對方放鬆的時候趁虛而入，才能達到最好的效果。

（三）要學會示弱和後退，這樣才能海闊天空，為自己爭取更大的反擊空間。

藍斯登原則——沒看清出路之前，不要隨便做出決定

美國管理學家曾提出藍斯登原則，即往上爬的時候一定要保持梯子的整潔，否則下來時你可能摔倒。這就是提醒人們，一定要看得長遠，既要向前看，不做後悔之事，又要向後看，為別人留好後路，也就是為自己留好後路，保持進退有度，不做於事無補的仇恨之舉，最終達到成功。

如果一定會有後退的話，一定要在前進之前就為自己留好退路；如果要前進的話，一定要在之前就鋪好前進的道路，才能夠使自己不會進退維谷。人生一定會有順境和逆境，處在順境之中千萬不可得意忘形，就算為以後身處泥潭之時有人能夠拉你一把，也要為自己結交幾個信得過的朋友。

在《史記．秦本紀》中記載了這樣一個故事，秦穆公丟了一匹馬，派人去追查尋找，結果發現原來被岐山之下的鄉里人捉到吃掉了。官吏抓到那些吃馬人，準備嚴懲，

秦穆公不忍心，於是勸道：「君子不因為牲畜而傷害人。我聽說吃良馬肉不喝酒會傷害人。」於是，秦穆公賜酒請他們喝，並赦免了這些人。不久後，秦國與晉國大戰，秦穆公被晉軍包圍，面臨生命危險。岐山的鄉人聽說了，拿起武器，飛馳著衝向晉軍，「皆推鋒爭死，以報食馬之德」，不僅使秦穆公得以逃脫，還活捉了晉君，最終使得秦穆公成就了春秋霸業。

為已經失去的東西遷怒他人，是最不明智的舉動；為憤怒怨恨報復他人，就會失去自己的退路，為自己的前路設置障礙。良馬被殺，秦穆公雖然憤怒，但卻沒有喪失理智，因為知道良馬已經被吃，懲罰那些鄉民也於事無補，反而可能激起民憤，只好寬恕他們，並賜美酒讓他們在愧疚之餘感恩戴德，才最終得到了回報。人們常說「好人有好報」，誰都不可能知道最終誰會救你於危難之中，只有平時多做好事，廣積善緣，才能在關鍵時刻有人幫。那些得意之時飛揚跋扈，不把他人看在眼裡，到處得罪人的人，難免最終會被人落井下石。

得意之時不忘形，失意之時才能不落魄。為人寬厚，不驕不躁，寵辱不驚，才能在進路、退路上都平順。大概是人們對得意的人都有一份嫉妒吧，如果他本人懂得低調，還能夠讓人們產生敬佩之情。得意而不知收斂，不懂得謙虛，狂妄自大，任性而為，別人就會因為這種狂妄而更加嫉恨、敵視他，日後遇到危難，自然沒有援手。

唐太宗時期，楊貴妃的哥哥楊國忠飛揚跋扈，不但身任宰相，還身兼四十餘職，朝中很多官員都是任由他提拔、拉攏的。他出遊時，每每持劍南節度使的旌節（皇帝授予特使的權力象徵）在前面耀武揚威，甚至還和李林甫一唱一和陷害太子李亨，在京師另設立推院，屢興大獄，株連太子的黨羽數百家。這種態度引起了很多朝臣的不滿。

安史之亂初期，玄宗逃往四川，走到馬嵬坡時，太子李亨、李輔國和陳玄禮認為，除去楊國忠的時機已成熟，於是由陳玄禮出面對將士進行煽動，說這場叛亂全是由楊國忠引起的，殺了楊國忠就可止息叛亂。憤怒的士兵們立即將他包圍起來，大喊：「楊國忠與吐蕃謀反！」一箭射中了他的馬鞍。楊國忠逃進西門內，軍士們蜂擁而入，將其亂刀砍死。可想而知，如果平時楊國忠沒有那麼飛揚跋扈，恃寵而驕，不為自己留後路，士兵們怎麼會輕易被煽動並殺死他呢？

曾國藩在持家教子方面有他自己的主張，他認為自己在外面有權勢，家中子弟最容易「流於驕，流於佚」，並認為「福不可享盡，有勢不可使盡」。因為富豪之家，即使沒有人驕奢淫逸、飛揚跋扈，也足夠別人嫉恨、虎視眈眈的了，何況「授人以柄」？這才是一個知進退的人應該做的事。

一心理應用一

（一）得意時要為以後留下退路，為自己結交好援手，才能夠在困境時有人相助。

（二）懂得寬容別人，才能為自己留好退路。

（三）寵辱不驚，得意時不驕橫，失意時才不會黯然，這就是進退之道。

交往適度定律——對別人過度示好，反而降低了自己的價值

中國古語曾說「一斗米養個恩人，一石米養個仇人」，在人際交往中切不可過度投資，否則引來的可能不是對方的感激和親近，而是對方的厭煩和疏遠。適當的付出並索取應有的回報，才能在付出與回報的過程中加深兩個人的交流和感情，從而加強自己的人際關係。

互惠原理告訴我們，人們對別人給予的好處總想進行同等程度的回報，所以人們之間的交往是一種互動的過程，如果你一直付出，不計較別人的回報，你們之間就會因缺少了「互動過程」，而使得對方的情感麻木，自然就產生不了你希望的友情。所以，對別人好也要適度，才能得到相應的回報，否則過度投資，別人就會將這種「投資」視作「理所應當」，而不加回報，甚至當你不能再對他施加恩情的時候會產生仇恨。再者，如果一個人的恩情大到了「無以回報」，就無法得到別人的回報，就像一件「無價之寶」，你

能夠用其他價值來衡量它嗎？

日常生活中我們常常會看到這種景象，父母拚了命地疼愛自己的孩子而不求任何回報，使得孩子不懂得感激與回報，直到成家立業後還在「啃老」，如果父母力有不逮，就仇視父母不能給自己更好的生活。長期「被施恩」的某個山村孩子，最後卻要求供養其上學的人幫忙找工作；受過他人大恩的人會「恩將仇報」，背叛自己的恩人；自己為之付出一切的伴侶突然有一天會背叛自己，甚至愛上一個不愛他的人。

這就是過度付出的後果，對人過分的好帶來的反而是遠離。社會學家霍曼斯曾提出，人與人的交往本質是一種社會交換。這種交換與市場上的商品交換所遵循的原則一樣，就是人們希望在交往中得到的不少於付出的，但是如果得到的大於付出的，也會讓人心理失去平衡，使人感到無法回報或沒有機會回報，而在心理上產生愧疚感。

這種心理會使受惠的一方選擇遠離，因為對於一個理智健全的人來說，獨立和付出是個性成長的需要，如果因為你的付出而使得對方無法獨立、不能付出，就會引起對方的憎恨。如果人際交往中不能滿足成長的需要，這種關係維繫起來就相當困難。姍姍是某公司的職員，她為人誠懇，常常為別人跑腿辦事，事事為別人著想，主動幫助別人，很多人有了困難總是首先想到她，讓她幫忙，但和她的關係卻並不密切。往往是用人時熱情十足，過後甚至沒有一聲感謝，就算公司新來的員工，過不了多長時間都會對她蔑視或者不理不睬。她的同事小萱刁鑽刻薄，一張嘴從不饒人，幫助別人做點事一定要找點理由，人們雖然不喜歡她，但和她還是相當親密，也不敢隨意招惹她。

其實這並不難理解，人們常說「滴水之恩，當湧泉相報」，那麼湧泉之恩呢？估計是無以為報，只好疏遠不要讓自己過於「愧疚」吧。再者，人們普遍喜歡和別人的感情遞增，而不喜歡遞減，如果一開始對人「過好」，哪還有「遞增」的餘地？所以那些一眼看上去完美無缺的人，往往人們對他的期望越來越高，最終卻會發現總是讓自己失望，於是遠離。而那些自私、刻薄的人卻往往能夠透過與別人的相處，讓人發現出更多的優點來，從而與他更加密切。

對於人際交往不熟悉的人，往往喜歡「把好事一次做盡」，以為自己全心全意對別人好，就能夠使彼此的關係更加融洽，實際上卻只能使別人離你越來越遠。為別人留一點回報你的餘地，在你們之間加一點距離，才能讓他人更暢快地呼吸，你們之間才會有更親密的可能。不要讓自己的好太廉價，否則別人就不容易珍惜，你的好就沒有任何價值了。只有對別人恰當的好，才能讓人願意和你來往。

一心理應用一

（一）對人好要有個限度，有付出一定要期望回報。

（二）在別人最需要的時候去幫助他，但不要太多，才可能使他對你產生恩情。

（三）不要讓自己的感情、幫助太廉價，否則就沒有被珍惜的價值。

蔡格尼效應——讓「未完成」的動力幫助自己成功

蔡格尼效應是指，人們天生有一種辦事有始有終的驅動力，如果一件事情尚未完成，人們就會有進行下去的動力；如果工作已經完成，或是想要完成某件事的動力已經得到滿足，人們通常就會把這件事情忘記。

這也可以解釋為什麼人們會覺得「婚姻是愛情的墳墓」，因為婚姻是愛情的一個段落，人們常常認為到了結婚，兩個人的戀愛就有了圓滿的結果，所以逐漸就會把這件事忘掉。為什麼「得不到完不成的才是最好的」？就是因為得不到即意味著沒有完成，有頭無尾，自然會印象深刻。為什麼人們對新朋友往往比老朋友熱情？因為對於結交這件事，新朋友是還未完成的，老朋友是已經完成的，所以對和新朋友的關係往往有熱情維持和結交，對老朋友則淡漠了很多。這就是蔡格尼效應在發揮作用。

心理學家蔡格尼曾做過這樣一個實驗：把被測試者分為兩組，同時演算一樣的並不難的數學題。在實驗過程中，第一組的演算直到完成才被打斷；而第二組在演算過程中就被突然下令中止了，然後蔡格尼要求兩組人員分別回憶演算過的題目，結果卻表明第二組明顯比第一組記得清楚。這是因為那種沒有完成任務的不舒服、不甘心，十分深刻地存留在第二組人的腦海中，而且大腦是在全神貫注的過程中中斷的，印象自然更加深刻；而對於「完成任務」的第一組來說，「完成欲」得以滿足，自然就忘了任務內容。

所以，如果想要一個人對你有深刻的印象或者有做事情的熱情，就要千方百計給他一個開始的藉口，而不要有完成的印象。這樣就能促使對方熱情地持續下去，而不至於使你們之間的關係「冷掉」。

一位作曲家非常愛睡懶覺，妻子為了讓他能夠早上起來練琴，就在鋼琴上故意只彈出一組樂曲的前三個和弦。作曲家聽完之後，總是輾轉反側，不能入眠，不得不爬起來，完成最後一個和弦，然後再坐在琴凳上練習一段時間。我們也常常有這種感受，一件事一旦沒有完成，就算是夜不寐宿也要把它完成，否則就連覺也睡不好，這就是蔡格尼效應的原因。

對於必須要完成的任務，即使再艱難也要迅速邁出第一步，因為第一步開始了，你就會自然地去完成它，如果總是拖拖拉拉就不容易完成。讓自己在行動的道路上邁出第一步，才可能有始有終地堅持下去。你希望別人持續熱情地做某件事，一定不要讓他有完成了、可以鬆弛下來的感覺，可以暫時歇一歇，但卻不能完成後忘記，在婚姻生活中更要如此。

告訴對方，婚姻只是一個開始，你們還要經過相處的磨合、共同生活、養兒育女，不斷付出和回報，這樣才有可能幸福下去。彼此都不要停下追逐，才可能在過程中一直維持熱情和興趣。

對於某些你不可以做的事情就一定不要開始，比如在工作的時間內，一旦想玩遊戲，只要你開始了，就會浪費半個小時甚至更多時間，因為你要「完成它」，才會有停下來的可能。如果不想自己「成癮」，就要在開始之前就「禁止」，否則就可能持續下去，耽誤正常的工作。

一個孩子總習慣放學以後直接看卡通節目，總對媽媽說「我看兩眼就去寫作業」，甚至到吃飯的時候也不停下來，直到卡通節目播放完再去吃飯和做作業，大家都非常傷腦筋。最後，媽媽決定買一張動畫片的光碟，但在完成作業之前絕對不允許孩子看。開始時，孩子很不適應，注意力總是不集中，但不久就能全神貫注做作業了，這時就算放光碟，他也沒心情看，總是完成作業、吃完飯後再集中精力看動畫片，就這樣，媽媽改變了他的壞習慣。

這是一個好方法，但是也絕對不可以因為蔡格尼效應的控制，就把自己變成一個工作狂，不完成就絕不停下來。知道人有完成的驅動力，同時也要控制這種驅動力，既不要「三天打魚兩天曬網」，做事總是半途而廢，也不要非要將任務一氣完成，不完成不甘休。一定要讓自己慢慢去測試與調整，按照自己的計劃去做事，才能既有利於完成任務，又有足夠的時間和心情去享樂。

一心理應用一

（一）對於困難的事情，一定要求自己馬上去做，就能夠「有始有終」地完成。

（二）不能做的事情，一開始就要禁止，不要找藉口讓自己開始，否則就會停不下來。

（三）想要別人的熱情不消失，就不要讓他產生「已經完成」的印象。

（四）適當調節自己做事的節奏，不要讓自己變成一個工作狂。

第九章

讓自己更優秀的心理學

手錶定律——明確單一的目標，聚焦是成功關鍵

手錶定律來自於一個寓言故事，森林中生活著一群幸福的猴子，日出而作，日落而息，非常有規律。一名遊客穿越森林，丟了一只手錶，被猴子猛可撿到了。聰明的猛可很快懂得了手錶的用途，猴子們都向他請教準確的時間，猴群的作息計畫也交給猛可來管理，猛可當上了猴王。

但好景不長，猛可又撿到了第二只手錶、第三只手錶，但每只手錶顯示的時間都不盡相同，這個問題把猴王難住了，猴群的作息時間也開始變得混亂。不久，猴群因為猛可的時間不再確切，起來造反，把猛可推下了猴王的寶座，但新的猴王仍然面臨著「猛可」的困惑。當然，幸而只有猴王擁有手錶，如果有兩三隻猴子分別撿到了手錶呢？牠們的生活會不會更混亂？所以這個故事的含義是，只有一只手錶，你可以知道時間；擁有兩只或以上的手錶，並不能給你更準確的時間，反而會製造混亂。心裡面必須只有明確的目

標，才有成功的可能。人生想要成功就必須在某段時間內只做一件事，否則想要同時達到幾個目標，或者挑選幾種不同的價值觀或原則，你的生活就會陷入一片混亂。

每個人都是有點貪心的，往往希望達成多個目的，希望得到更多肯定，希望擁有更多才華，希望可以在更多領域發揮光芒，但是，讓人選擇的道路卻是有限的。你必須選擇一條最近的道路，選擇可以達成的目標，才可能最終有美好的結果。無論選擇多麼多，願望多麼美好，只有能夠實現的那一個才是最有意義的。

有一個明確的目標，有一套行之有效的行動準則和道德基準，一個企業才可能運轉得更好，一個人才可能更快成功。在同一段時間內，不要讓自己同時做兩件事，不要讓自己有兩個目標，才能夠使自己更明確前進的方向，更確定自己的行為是否準確，否則就可能走很多彎路，弄得自己的生活一塌糊塗。某個企業面臨著這樣一個難題，他們生產出一種新產品，這種產品目前在市場上還沒有，但是別的公司也在研究，他們雖然研發成功，但品質還不太穩定。於是，他們面臨著是占領市場還是繼續改善產品品質的難題，一時之間難以決策。最終主管指示，一邊將產品推向市場，搶下市場占比，一邊改善產品品質。但不久以後，他們發現，他們的產品被對手買去進行了研究，並推出了改良款，迅速占領了更大的市場。其實，如果他們能夠安下心來研究，直到把品質做好再推出，就可能讓自己的產品更有知名度；如果他們全心全力占領市場，那麼別人就不可能後來居上。正因為兩件事都要做，消耗了公司的全部精力，結果才兩件都沒做好，導致公司運行也陷入兩難。

明確的目標才是制勝的關鍵，一個公司只能有一種理念，這樣才能把所有精力都凝成一股力量，而不是在猶猶豫豫中失去所有。人們教育孩子也常常陷入這樣的誤區：爸爸經常扮黑臉，批評孩子，媽媽常常扮白臉，安慰孩子並批評爸爸。這樣常常使孩子不知所措，無所適從。因為沒有一個統一的行為準則，孩子長大了也不容易分清是非，做事猶豫，不能果斷。

公司發展也是一樣的道理，絕不能被不同的價值觀所左右，否則就會失去前進的方向。美國線上與時代華納的合併就是一個失敗的案例，美國線上的企業文化強調操作靈活、決策迅速，一切以占領市場為目標；時代華納則注重強調誠信之道和創新精神。按理說，這兩者結合應該是速度與品質的完美結合，但是高層管理並沒有實現一個統一的認知，沒能解決價值觀的衝突，導致員工失去了方向，合併最終以失敗告終。這就是兩種價值觀和行為準則衝突帶來的災難，一定要防止出現這種情況，做事才不會陷入混亂。

心理應用

（一）做事時，制訂出的目標一定要明確，不能模稜兩可，確切的目標才能指導出確切的行為。

（二）要求別人或教育別人，一定要有一套相同的準則，否則就可能導致對方無所適從。

（三）一個組織不能同時由兩個人來指揮，一件事情不能同時由兩個人來做，否則當這兩個人的方法不一致的時候，就會產生「內耗」。當然，兩個人中如果有一個「主導」、一個「輔助」，就好辦多了。

（四）一定要懂得取捨，該放則放，不要貪心。

奧卡姆剃刀定律——把複雜變簡單是一種好本事

奧卡姆剃刀定律是由十四世紀邏輯學家、聖方濟各會的修士威廉提出的，這個定律被人們簡化為「如無必要，勿增實體」，即「簡單有效」定律。這個定律原本用於哲學領域，因為威廉對哲學中「共相」、「本質」之類的爭吵感到厭倦，於是提出了唯名論，即只承認確實存在的東西，對於那些空洞無物的普遍性要領，認為都是無用的累贅。後來人們把這個定律普遍用於生活中的方方面面，比如管理領域的化繁為簡；軍事方面的「精兵簡政」；服裝領域，香奈兒提出的「去掉蕾絲、拿掉花朵、刪去褶皺，最簡潔的線條造就最獨特的風格」；生活領域的「簡單生活，簡單愛」，幾乎在生活的各個面向都可以看到人們利用這個定律找到最簡單的做事方法。

做事、做人都要用對心思，掌握方法。與其揣測別人的想法，不如直接按照自己想做的去做，直接表達自己的心思和原則，也許還能求同存異，結交到真心的朋友。心理學其實很簡單，說穿了不過四句話：把自己當成自己，把別人當成別人，把自己當成別人，把別人當成自己。前兩句話就是不要你隨意以自己的思想去揣摩別人，而要尊重他人；後兩句話要求你以旁觀者的身分去評判自己的舉動，把別人當成自己一樣去體會，將心比心。如果能做到這四句話，就進入了「聖人」的標準，為人自然無往而不利，能夠吸引自己喜歡、敬佩的朋友在身邊。

做事也是這樣，找到事情的根結，一刀斬下，往往能夠斬斷亂麻，使事情變得明朗化。威廉修士曾經在箴言上寫道：「切勿浪費較多東西去做用較少的東西同樣可以做好的事情。」動動手就能做好的事情，為什麼非要把事情想得過於複雜呢？快刀斬亂麻的方式雖然直接、生硬，但往往有更好的效果。當你覺得事情過於繁雜，繞不過去了，委婉的方式已經用盡，曲折的道路已經走盡，不妨直接一些，繞開迷霧，剔除干擾，直指真相，反而能夠讓自己輕鬆一些。這裡有段「亞歷山大傳說」也許可以證明這個方法是十分可靠的。亞歷山大是馬其頓國王腓力二世的兒子，他從小就抱有將歐洲和亞洲融合的崇高理想。父親死後，他繼承王位，統一了希臘，開始進攻亞洲的波斯，並遠征阿富汗和印度。西元前三三三年，侵入阿拉伯半島，並占領了格爾迪奧恩，那裡供奉著宙斯的神殿，神殿中擺放著一輛古老的戰車，戰車上有當時非常著名的「戈耳狄俄斯之結」，是一位智者用非常巧妙的手法打上的，傳說中解開它的人能夠統治亞洲。亞歷山大聽聞後，造訪了這座神殿，並從腰中解下佩劍，一劍將繩子斬為兩段，用最簡單的方法解開了繩子。最終，果然建立起一個西起古希臘、馬其頓，東到印度恆河流域，南臨尼羅河瀑布，北至錫爾河的以巴比倫為首都的疆域廣闊的國家。

「把複雜的事情變簡單是一種本事」，很多時候，正是所謂的技巧和策略把一切都變得更加複雜。在今天，企業管理越來越複雜，組織不斷膨脹，制度越來越繁瑣，文件越來越多，我們的效率卻越來越低。生活也是這樣，我們擁有的越來越多，幸福卻越來越少；選擇越來越多，卻越來越恐懼選擇；結交朋友的方式越來越多，真情卻越來越少；終日忙忙碌碌，應酬來應酬去，成效卻越來越小。真正的原因不是我們的方法越來越少，而是用的手段越來越複雜而無效。

做事情想要出奇制勝，就應該用最簡單、最有效的方法。處理事情時，如果能夠把握事情的本質，解決最根本的問題，事情就能順利完成。為人處事方面也是如此，講究順應自然，不要把事情人為地複雜化，這樣才能把事情處理好。

一心理應用一

（一）不要被細枝末節阻礙了視線，把握住事情的本質才能快速有效地解決好它。

（二）不要人為地把事情複雜化，事先不要揣測別人的心思，直衝目標而去，簡單一些反而輕鬆。

霍布森選擇效應——固定選擇是圈套，最好及時跳出來

日常生活中我們常常會看到這種現象，幼稚園的老師說：「我們今天講《烏鴉喝水》的故事好不好？」如果大家都回答好，而只有一兩個小朋友說想聽《小紅帽》或者《三隻小豬》，老師真的會改變自己的決定嗎？其中的「好不好」只是象徵性的，根本沒有提供其他的選項，當然就別無選擇了。這種讓別人別無選擇的詢問方式，就叫做「霍布森選擇效應」。

它來源於一個故事，英國商人霍布森販馬的時候，把馬匹放出來供顧客挑選，但附加上一個條件，只許挑選最靠近門邊的那匹馬，然而門又小又窄，高頭大馬根本出不來，可供選擇的不過是瘦小的馬，顯然這個附加條件就是不讓人有選擇的餘地，於是被人們譏諷為「霍布森選擇效應」。

事實上，如果你總是面臨兩個或者多個大同小異的選擇，你的思想就會陷入僵化，

沒有創造性。這是因為，人的思維在以往經驗的支持下往往會有封閉性和趨同性，封閉性讓我們看不到更廣闊的客觀世界，趨同性讓我們的思維總是順著一個方向而不去尋找新的視角。如果這種思維在心理上長期沉澱，就會進入單向選擇層面，自然遏制了人的創造性和思維的多樣化。

這種現象並不難理解，假如你是一個醫科大學的學生，畢業後，你想選擇的不過是進入哪所醫院學習，在哪個科室進行發展，是繼續考研究所還是實習，是自己創立診所還是去醫院工作。這一系列的選擇事實上只是一個選擇——都是在醫學院畢業的基礎上進行的，都是進行與醫學相關的選擇，選擇的目的都是為了自己能夠過上更好的生活。

這種選擇就是僵化的。魯迅先生也曾學醫，因為他從父親的病和其他經驗認為「中國的弱在於體質上的病弱」；後來懂得了這種弱在於「精神上的麻木」。於是，他果斷放棄了從醫這條道路，選擇了「從文」——從精神上解除中國人精神上的病態和麻木。今天，哪位醫科學生敢於在醫科大學畢業的情況下去選擇一個全新的職業呢？哪位敢於直衝著自己的目標而去，而不管用哪種方法呢？這就是僵化性選擇與創新式選擇最大的不同，當你看到面前只有一條路可走的時候，這條路往往是錯誤的。因為世事無絕對，你的道路又怎麼可能只有一條？選擇肯定是多種，只不過你還沒有發現而已，只要把那個「霍布森選擇效應」中的門去掉，你就能看到更多的選擇。

在現實生活中把你的選擇基礎去掉，比如把「你想聽哪首歌」中的「哪首歌」去掉，你就會有看故事、玩遊戲、聊天、睡覺等選擇。做決策的時候，也要找出下意識中的「基礎」，然後去掉它，就擁有更多選擇。比如，「將從本公司選一個部門經理」常常就等於「從矮子裡拔將軍」，而如果把「從本公司」這樣的基礎去掉，你擁有的選擇範圍就寬大了很多。這樣就能夠從固定的選擇中跳出來，思維自然也更加活躍、更富有創造性。一九五〇年代，全世界都在研究製造電晶體的原料——鍺，大家就陷入了一種「霍布森選擇效應」，即用哪種方案可以將鍺提煉得更純。經過數年、多位科學家的努力，發現總免不了會混進一些物質，而且每次測量都顯示了不同的資料。於是大家進行了反思，為什麼要進行提純呢？無非是認為提純才可以製造出更好的電晶體，但這個假設性的結論到底是否正確卻是無法證明的。於是他們放棄了證明這一結論，而是考慮如果鍺是無法提純的，那麼什麼樣的鍺才可以製造出更好的電晶體呢？他們另闢蹊徑，即有意地一點一點添加雜質，看它究竟能製造出怎樣的鍺晶體來。結果在將鍺的純度降到原來的一半時，一種最理想的晶體產生了。發現這一結論的江崎博士和助手黑田百合子獲得了諾貝爾獎。

當你意識到某條路很可能是錯誤的時候，就要把以往的選擇基礎拿出來看一看，審視自己是否落入了一個設限選擇的怪圈，只有跳出這個怪圈，才能發現更多有效的方法，走上正確的道路。

一心理應用一

（一）充分瞭解更多更客觀的資訊，就是從固有選擇中跳出來的基礎。如果只是跳出來而不懂得應該有怎樣的方向和決策，那麼，「跳出來」就是不安全的。

（二）在選擇之前要充分瞭解各方面的資訊，包括與你的思維方式相反的資訊、不相關的資訊等。

（三）把這些資訊組合起來創造出一條新的道路。

人際吸引增減原則——用對方法，逐漸增加別人對你的好感度

人際吸引增減原則，是社會心理學中的普遍現象，即人們總喜歡得到的東西遞增，無論這種東西是物質的獎勵，還是精神上的表揚。

美國社會心理學家阿倫森曾就這一現象進行過一組實驗，將被試者分為四組，然後加入一位研究者的助手，混入被試者當中，並擔當這些被試者的臨時負責人。在實驗的休息時間，這名助手會離開被試者向研究者彙報情況，然後談到對其他被試者的印象和評價，當然這種評價可以被被試者聽到。

第一組，始終得到助手的肯定評價。

第二組，始終得到助手的否定評價。

第三組，先得到否定評價，然後逐漸評價升高，最後到非常肯定、讚揚的評價。

第四組，先得到肯定評價，然後逐漸降低，最終否定。

然後，這四個組被要求為助手的行為評分。

結果顯示：第一組的評分是＋6.42，第二組為＋2.52，第三組為＋7.67，第四組為＋0.87。結果表明人們往往喜歡別人對自己的評價遞增，而最討厭對自己的評價遞減。

現實當中，有些人非常有心計，善於利用這個效應，雖然並沒給你什麼恩惠，卻能夠讓你對他感恩戴德，比如糖果、蔬菜售貨員們，常常將你需要買的分量放少一點，然後再慢慢加上幾個並告訴你「這次送你幾個，下次再來」。顧客就會特別高興，其實不過是原本的分量而已。人們批評別人時，總是打一巴掌再給一個甜棗，從而削弱對方對批評的反感心理。在自我表現之時，總是先表現出自己平凡的一面，然後再為自己身上逐漸增加亮點，這就是有效利用了這一原則。

做事時，如果能夠自動運用這一原則，就會收到非常好的效果，而如果不能自覺運用或者利用反了，做事就會費力不討好。清和雲是同時進入某公司的員工。剛進入公司時，都有一段時間面對工作和人際關係的陌生，兩人的處理方法則不同。清總是盡心盡力做好自己的一切工作，有時間還幫助同事打打文件、掃掃地、倒倒水，人們總說她是個勤奮、善良、能力不錯的好女孩。雲則不同，她不會輕易幫助別人做事，如果別人提到要她幫忙做一些小事，她往往會趁機請教別人一些不懂的問題，人們都感覺她似乎相當勢利，但這種「勢利」也並不引起反感。

一個月以後，同事們對她們的評價是都非常努力，但清優秀一點，主動一點，融入也比較好。但時間長了以後，清認為自己沒有義務總幫別人端茶倒水，整理、影印文件，應該努力在自己負責的業務方面有所表現，於是就懈怠了一些，人們看她的眼光也就變了，認為她原來只是在「裝腔作勢」，而雲還是像以前一樣做事，只不過在清的襯托之下，人們更加喜歡她。雲就是典型自覺運用「人際吸引增減原則」，用自己不斷的努力、改進讓人們越來越喜歡自己。做事和自我表現時，一定要順應人們的心理；任何人都喜歡越來越進步、越來越優秀的人，而不會喜歡起初特別耀眼，最終發現不過是一塊玻璃一樣的人。所以，在與人相處的初期，不要把自己表現得過於優秀，這樣就沒有了進步的空間，而要將自己的光華收斂起來，只要跟人相處起來舒適就好，然後再慢慢展現自己的優點，人們就會越來越喜歡你。做事也要出奇制勝，才會讓人們心底舒服。如果人們習慣了一種平淡的方法，就會對這種方法產生厭倦，這時候新奇的方法往往能夠奏效，讓人們更容易接受，事情也會更快完成。一個失明的男孩總是坐在一棟大廈邊請求幫助，他手裡舉著一個牌子，上面寫著：「我是個瞎子，請幫幫我。」但每天得到的幫助並不多，只有很少的硬幣。一個男人看到了，掏出一些錢，並在牌子上寫了幾個字，然後放回去。這次男孩裝錢的帽子很快就滿了，男孩還是執意等到那位男子下班，聽著他熟悉的腳步聲問到「先生，您在上面寫了什麼？」男子回答他「我只增加了幾個字」，他寫的是「謝謝你們」。一個月後，這位男子又把男孩的牌子改成了「謝謝諸位好心人」，最後改成了「感激涕零」，於是事情變得更加順利。

一心理應用一

（一）對人要先抑後揚，讚揚要逐漸增加。
（二）不要過於急切表現自我，要慢慢去表現自己的亮點。

反木桶原理——換個新思維，運用長處讓自己變得更優秀

木桶原理相信大家都熟悉，即一個木桶能夠盛多少水，是由最短的那塊木板來決定的。反木桶原理則更新奇、更有用。反木桶原理的定義是：木桶最長的一根木板決定了其特色與優勢，在一個小範圍內成為制高點，往往能夠成為自己可持續發展的特殊優勢。簡單來解釋就是，班級當中最優秀的那些人往往是善用短板效應的人，總是彌補自己存在的不足，讓自己更加優秀；而那些「偏科生」則總是在自己最喜歡的科目上下工夫。當然，按成績的高低來說，自然是「木桶理論」更有效，但對於一個人是否能成功來說，「反木桶理論」則更重要。想一想，那些被歷史銘記的人，他們不都是所謂的「偏科生」嗎？愛因斯坦偏「物理」，張衡偏「天文」，李白偏「詩歌」，羅納度偏「足球」，而那些全科生，他們的名字在哪裡？

可見，一個人想要成功還是要運用自己的優勢去做事。一個組織，最重要的是協調和無弱點；一個人最重要的卻是有特色、有優勢，因為一個人是用自己的優點去做事，而不是用自己的弱點去做事。所謂「出奇制勝」，就是要用自己的相對優勢去攻別人的相對弱勢，或者用自己的相對優勢去做事，憑藉自己鮮明的特色，才能獨樹一幟。如果能夠找準自己的特殊優勢並不斷鑽研，就能夠像釘子一樣，突破重重包圍，脫穎而出。

孫子曰：「凡戰者，以正合，以奇勝。」戰爭真正拚的是實力，但是如果實力弱小，想要跳出圈子或者得勝，就要「出奇制勝」，利用自己的優勢獨闢蹊徑，才可能成功。年輕人做事也是一樣的，如果總是跟隨「大眾心理」，別人做什麼你也做什麼，而且一定比別人做得更好、更優秀，那麼即使你再優秀，最終也只是在自己的那個圈子裡「優秀」，出了這個圈子你照樣什麼都不是。很多人喜歡與同事攀比或者進行專案競爭，以為自己勝利了就是做成功了。其實，你一定會在同一個公司待一輩子嗎？你一定會一直與同一群人相處嗎？所以，人際關係好固然不錯，但如果實在不精於此道，也不應該勉強自己，反而應該在自己精通的方面多多鑽研，形成自己的特色也會贏得人們的尊重和敬佩，這就是用自己的優勢去成功的奧祕。

做事的過程中，往往你擁有的別人也擁有，如果遇到一個和你相差不大的人或者一個強大的競爭對手與你競爭，要怎樣才能取勝呢？競爭並不是所有事情都超過對手即勝利，有時為了競爭還需要故意賣個破綻給對手，而以自己的集中優勢攻別人的相對弱勢取得勝利。

還記得田忌賽馬的故事嗎？齊國將軍田忌經常與齊國的諸公子賽馬，一次與齊威王賽馬，屢次失敗，非常懊惱。朋友孫臏發現這些馬的實力相差不大，可以分為上、中、下三等馬，於是他對田忌將軍說「只管下大賭注，保證能夠取勝」。比賽之時，孫臏讓田忌將軍先用自己的下等馬對齊威王的上等馬，輸了第一局；用自己的上等馬對對方的中等馬，贏了一局；再用自己的中等對對方的下等馬，終於三局兩勝，贏了賽馬。

人生也一樣，這個舞台講究的不是一時的勝敗，而是最終誰能夠成功。做事的時候，不一定要用全部的實力和對方競爭，有時候，只要「以己之長攻彼之短」就足夠了。善於用心思也可以作為一種長處，如果你在做事方面的確沒有別人的實力，就不要過於勉強，「善謀」也是一種長處。

對於自己不擅長的事情就不要爭搶，不如讓給別人去做，反而能夠得到對方的感激；對於自己的優勢所在不妨「當仁不讓」，反而能夠顯示出自己與眾不同的光彩。這才是做人、做事的大智慧，用自己的優勢去獲取自己所需要的。

一心理應用一

（一）善於用自己的相對優勢去攻擊別人的弱勢，才能在競爭中勝出。

（二）永遠用自己的優點去做事、去做自己擅長的事，不要執著於與人相爭，這樣能夠讓你獲得朋友和利益。

（三）讓自己的優勢與眾不同，才能在眾人中勝出。

草船借箭——將他人射來的箭，轉變成你的力量

想必大家對《草船借箭》的故事非常熟悉吧？諸葛亮趁著濃霧佯攻曹操，曹操本欲迎敵，又怕因霧大中埋伏，就從旱寨派六千名弓箭手朝江中放箭，於是雨點般的箭紛紛射在草靶子上。不久後，諸葛亮又命船掉過頭來，讓另一面受箭。直到太陽出來了，濃霧散去，諸葛亮令船趕緊往回開。於是就憑藉一招「虛張聲勢」，把對方的攻勢都化為了自己的力量。

不要以為這只是智者才能運用的計謀，在生活之中，只要足夠用心，別人的力量也能化為自己的力量；只要用一點小竅門，就能讓進攻的力量反彈回去；只要用一點心思，順水推舟就能夠讓自己的力量借勢壯大。不要懷疑，一個人的力量終究是有限的，只有借助某種「勢」才可能真正取得成功。

生活中這樣的例子並不少見，比爾．蓋茲正是借助了電腦終有一天會成為人們的生

活工具的「勢」，才最終成為世界首富；馬雲是借用了網際網路越來越發達的「勢」，才最終創建了阿里巴巴；所有的上市公司都是借助了別人買股票的錢，才最終讓公司有所壯大。生活中，我們也不妨借別人的「勢」來達到自己的目的。這種「勢」不一定是自己或者身邊人的「勢力」，來自於敵人進攻的「勢力」往往也能化為自己的力量。

在中國電視劇《大染坊》中曾有這樣的一段商戰故事，對手為了擊垮主角的企業，採用了低價戰，將所有的產品都低於成本銷售，這樣一來，市場混亂，如果自己也參戰，就會賠錢，但如果不奉陪，對方則有可能占領更大的市場。這時經銷商也陷入了困境，如果改變供貨廠家，怕對方不會一直採用低價策略；如果不改變，自己就沒有競爭力。正當經銷商和廠主都陷入困境之時，廠主想出了一個好辦法，讓經銷商到對手的工廠裡去批貨，假裝已經投向了對方，但轉手就把到手的貨物賣到了只有對方可以賣的市場當中，讓他自己的貨去衝擊自己的市場，終於止住了這場價格戰。這個場景類似於今天的傾銷戰，如果能夠靈活運用這種方法，一定可以化對方的攻勢為自己的力量。但是，在世界格局進一步融合的今天，已經沒有所謂「只有某品牌可以進入的市場」，所以一定要更加謹慎才可以保證成功。

「草船借箭」之所以可以成功，實際上是運用了大霧的天氣和曹操的多疑心理，所以，想要借助對方的攻勢化為自己的力量，也要有混淆視聽的本事，否則，對方的攻勢就會真正將你毀滅。《大染坊》商戰的例子，如果沒有經銷商在中間投下的煙霧彈，對方也不可能輕易將貨物賣給對手，讓對手輕易盈利。做事的時候想要出奇制勝，就要在對方看不見的地方下工夫。在對方想不到的地方運用對策才可能真正獲利。沒有迷霧，將自己暴露出來，就只能被對手擊敗。

心理應用

（一）當對方的攻勢過於猛烈時，不妨用幾個煙霧彈，把戰火引到自以為是的人身上，最終才可能化為自己的力量。

（二）運用旁觀者同情「弱小」、喜歡聲討「強勢」和「虛偽者」的心理也可以獲得輿論的支持，對方的攻擊最終就會有利於自己。

（三）將對方的攻勢化為自己的力量才是聰明的做事方法。

第十章

不被討厭的心理學

托利得定理——擁有多元的思維，從容應對各種情勢

托利得定理是法國社會心理學家托利得提出的。它的含義是，看一個人的智力是否上乘，只看其腦子裡能否同時容納兩種相反的思想而無礙於其處世行事。這個定理強調的是思想可以相反或者有某種混亂之處，但行為方式卻一定要一致。

生活中我們也往往有這樣的體驗，遇到某件事，心理是非常矛盾的，但是我們的行為卻要遵循其中的一個原則。在某些著作當中，我們往往會明顯看到作者兩種截然不同的觀點；在遇到重大事件之時，我們往往是矛盾的，希望事情向著某個方向發展，但同時又害怕真的出現這種狀況；我們贊成唯物論，但心中又對某些唯心論的觀點極為欣賞；喜歡享樂，又害怕享樂帶來嚴重後果，所以又禁止享樂。

與人相處最重要的是寬容，因為你和別人的想法是不一樣的。承認這種差別並容忍這種差別，遇到和別人的衝突，寬容對方，往往會達到更好的效果。

《宋史》中有這樣一段小故事：一天，殿前都虞侯孔守正和大臣王榮在北陪園陪宋太宗喝酒，結果兩人喝得大醉，竟在皇帝面前比起功勞來，誰也不服誰，而且越來越起勁，完全忘了在皇帝面前應有的君臣禮節。侍宴的人見二人實在不像話，就奏請宋太宗將兩個人抓起來送到吏部治罪。宋太宗沒有同意，只是一笑了之，吩咐把兩個醉鬼送回家。

第二天，兩人從沉醉中醒來，越想越害怕，連忙進宮請罪。宋太宗看兩個人戰戰兢兢的樣子，便裝作記不清的樣子，輕描淡寫道：「昨天我也喝醉了，究竟發生什麼事了？」一場風波就這樣被他化解於無形，兩個臣子自然感恩戴德，做事更加用心。正是有了宋太宗的寬容，才有了大臣們對他的尊敬和愛戴。其實這件事情鬧到吏部或者故作寬容地說開，對兩個人和宋太宗都沒有好處，以後君臣相處起來也更是尷尬，所以裝糊塗無疑是最好的方法，為幾個人都保留了面子。

這就是托利得定理的精髓：無論你有多惱怒和矛盾，都需要衡量利弊，清醒之下再下決斷，不要因為情緒的矛盾或混亂而影響自己的為人處事。要考慮應該怎樣處置才最有利，而不是考慮自己喜歡怎樣處置。

在這一點上，面臨越大的事情越要仔細思量。秦穆公十二年，晉國旱災，派人來秦國請求米糧。臣子丕豹不贊同援助對方，並勸說秦穆公趁著飢荒攻打晉國。秦穆公問公孫支，公孫支說：「哪個國家會不鬧荒災歉收啊，哪能不給？」問百里奚，百里奚說：「是晉國國君夷吾得罪了國君，他們的百姓有何罪？」於是秦穆公就撥糧救濟了晉國。長長的運糧隊伍，從秦國都城一直到晉國都城都接連相望。

兩年後，秦國飢荒，派人去晉國請求糧食支援，但是晉君不但拒絕了，而且於次年九月趁火打劫興兵攻秦，結果被絕望的秦軍活捉。秦穆公懂得施恩，最終他的後代子孫統一了六國；晉惠公只懂得奸詐、謀略，幾次三番背信棄義，沒有大德，最終失道寡助，落得階下囚的下場。

在是否應該援助對手這樣的大事情上，每個人可能都非常矛盾，而之前就有嫌隙的兩個人肯定會更加矛盾，兩邊的朝臣也都有兩種不同的意見和想法，用哪種思維作為遵循的原則，只看一個人是否能夠從人心、大局出發而已。秦穆公慷慨幫助自己的對手，結果贏得人心；晉惠公趁火打劫，兩番「以怨報德」，最終「失道寡助」，沒有力量和其他大國爭衡了。

一心理應用一

（一）每個人都難免和別人發生衝突，關鍵時刻行行寬容、裝裝糊塗，後退一步，才可能使雙方都不過於尷尬。

（二）有過節的人需要援助之時，要不計前嫌，才能贏得人心。

（三）最巧妙的迴旋之術，就是幫自己贏得更多人的尊敬，以這個目標為指導就能夠提高自己的道德修養。

（四）不僅給別人機會，同時也是為自己創造機會。面對別人的微小過失，容忍和掩蓋可以保全所有人的利益和面子，這就是最大的好處。

南風效應——暖男暖女心理學，你學會了嗎

南風效應源自於法國作家拉封丹寫過的一則寓言，大意是：北風和南風比威力，看誰能把行人身上的大衣脫掉。北風首先冷風凜凜地吹起來，寒冷刺骨，結果行人為了抵禦寒冷，反而把大衣裹得更緊。這時，南風徐徐吹來，頓時風和日麗，行人覺得溫暖如春，開始解開鈕扣，然後脫下大衣，於是南風勝利了。在生活中也是這樣，人們常常會發現，那些聲色俱厲、整天冷著一張臉的人並不比一個每天微笑的人更有威懾力；喜歡直言直語、性格剛烈的人也不比委婉的人能更快讓人放下成見；繩子比木棍更容易讓人屈服；蜜糖比膽汁更吸引他人。

嚴厲的批評、剛硬的勸諫往往沒有委婉含蓄的暗示、滴水穿石的影響更加有效。巧妙的迴旋、委婉的攻勢，往往能夠讓人更容易接受，尤其是那些素來耿直有餘、柔韌不足的人更要學會以柔克剛的技巧。

提起樊噲，想必人們心中就將他定義為一個魯莽輕率的武夫，其實他不僅粗豪威猛、凜然無畏，關鍵時刻他還有「以柔克剛」的智慧。天下平定以後，劉邦開始驕矜自持，聽不進勸諫，別人也不敢觸犯龍顏。一次，高祖病得厲害，吩咐不見任何人，詔令守門人不得讓群臣進去看他。樊噲聽說以後，推開宮門闖了進去，看到皇帝正枕著宦官躺在床上，於是先痛哭流涕地回憶往事：「想當初陛下和我們一道從豐沛起兵平定天下，那是什麼樣的壯舉啊！而如今天下已經安定，您又是何等疲憊不堪啊！」引起了皇帝的感觸之後，再慢慢關心起了皇帝的病：「況且您病得不輕，大臣們都驚慌失措，您又不肯接見我們這些人來討論國家大事。」最後用前車之鑑達到了勸諫的目的：「難道您只想和一個宦官訣別嗎？再說您難道不知道趙高作亂的往事嗎？」高祖聽罷，於是笑著從床上起來。

這樣一段一波三折、柔韌而不刺耳的勸諫由一個粗莽的武將說出來，真讓人震驚啊！當然，人選得也妙，樊噲是劉邦的妹夫，和劉邦從少年時就一起共苦的人，說起來更有震撼人心的效果。這種溫情式的勸諫因為多了一些對人情感的關懷，多了一絲柔軟之氣，更容易讓人自覺接受。這是因為人們常常有一種反向心理，當你嚴厲的時候，對方就會對你的態度反感，即使表面上聽從你的指揮和勸諫，在心裡也是不高興的。如果人們能夠順著別人的心理來，雖然也是想要改變他內心原本的成見，但會因為暗合了別人喜歡

「奉承」和「討好」的心思，而使自己的意見更容易被接納。既然人們不喜歡喝苦藥，就往苦藥裡加一點糖漿，不是更容易被接受嗎？

但很少人懂得這一點，尤其在「良藥苦口利於病」想法的引導下，人們更是很難運用這一點。明朝萬曆皇帝即位時，年紀相當小，歷史對他的評價是「少年聰慧」，但因為年紀小，朝政就落在了他的母親李太后、秉筆太監馮保和首輔張居正的手裡，非常不巧的是，這三個人都是出了名的「嚴師」。一次，小皇帝和太監在宮裡亂跑亂鬧，被馮保看見就稟告了李太后，李太后平時對小皇帝就格外嚴格，經常督促他早起、遲睡，品格要端正，這樣一來更是讓萬曆皇帝跪下受罰；張居正是「帝師」，對皇帝要求更是非常嚴格，於是小小的皇帝頭上就懸了三把戒尺，一個不慎就會挨懲戒。

但是這種嚴厲對於萬曆皇帝的成長沒有絲毫好處，只是助長了他的叛逆和任性、倔強心理，讓他更加個性乖戾、固執倔強。張居正去世兩年以後，失去了最嚴厲的一把戒尺，萬曆皇帝就抄了張居正的家，賜死了他的兒子；不久又處置了馮保；然後開始長期怠於政事，終於使國家逐漸出現了危機。

萬曆皇帝怠政雖然是他性格上的缺陷造成的，但事實上他身邊的這三個「嚴師」也絕對推脫不了干係。如果他的母親能夠對他有一份溫柔，用母愛去感化他，而不是用斥責的方式硬逼他上進，他的反向心理也不會那麼強。如果他的老師不僅僅把他當作皇帝，也當成一個「少年」，就會多一些諒解，少一些苛責，也不會使他的性格走向極端。

心理應用

（一）對待他人多一份柔軟，多一份關愛。

（二）善於以柔克剛，以溫和對待他人，才能得到更多尊重。

狄倫多定律——未雨綢繆的職場進退指南

狄倫多定律的含義是指一個團體中所發生的激烈衝突，往往是因為面子問題引起的。如果能夠在矛盾發生以前就為別人留足面子，就能減少或不會發生衝突，從而將衝突消解於無形。生活中很多問題都是為了一時的意氣，這種意氣常常是有關面子的，人們常說「佛爭一炷香，人爭一口氣」，這個「爭氣」實際上也就是爭面子，因為自己的要求或者冷漠駁了別人的面子，或者因為自己提出的意見沒有顧及別人的面子，為了爭強好勝，即使沒有理由也一定要反對你，這就是爭面子。

古語說「士可殺，不可辱」，可見中國人的處世觀念向來把人格尊嚴放在了比生命更高的位置。西方人也常常會因為一時的侮辱而奮起決鬥，這些都意味著人們對面子的重視，所以做事一定要留點餘地給別人，讓別人留下一點面子。批評、指責別人要含蓄，最好在只有兩個人的情況下進行，讚揚一個人卻要在大庭廣眾之下進行，這些運用的都是留面子的原理。替別人留下一點自尊就不會使原本的矛盾激發，而如果在說話做事的過程中，時時刻刻顧及別人的尊嚴，照顧別人的顏面，讓人臉上添光，你自己做事也會順風順水。

做事要懂得巧妙周旋，很多時候就是要學會在對別人做出苛刻的對待之後，為人保住一點面子。雖然對方也可能記恨你，但絕對不會因此和你大動干戈。

魏徵是有名的「諫臣」，他屢次諫言卻沒有被唐太宗治罪，除了太宗的心胸廣闊之外，和魏徵總是為太宗留下最後一點尊嚴也是分不開的。魏徵不同意太宗的看法時，絕不會在太宗發言時駁斥，而是默不作聲，事後再來陳述意見。太宗問他「為什麼事後才說」，魏徵回答「當場表示同意，擔心當場就成定案；當場假裝同意，事後另說一套，這種陽奉陰違，不是侍君之道」。有一次，太宗得到一隻鳥，愛不釋手，每日把玩。魏徵聽說了就選擇太宗玩鳥的時候去奏本，唐太宗怕他囉唆那些「玩物喪志」的諫言，就把鳥藏在了袖子裡。魏徵卻並不著急，也不揭穿，只是和太宗討論國事，時間長了竟把鳥悶死在太宗的袖子裡。雖然如此，太宗卻並不憤怒，因為他畢竟沒有揭穿自己，讓自己難堪，為太宗保留了最後一絲尊嚴，所以直到魏徵病死，唐太宗都沒有真正懲罰過他。

有些人可以吃虧，也可以受批評、挨指責，但一定要留住面子。被別人擊中痛處對任何人來說都是不快的，為別人留下一絲尊嚴就是為自己留住一個餘地，所以，事情絕不可做絕，千萬不要做辱及別人尊嚴的事情，否則就有可能結成「死仇」。任何矛盾、爭吵、對立都可能解開，唯有侮辱別人的仇恨是不可能解開的。很多人都不懂得這一點，當眾使別人難堪，到最後受報復的是自己。

大家想必都熟悉「韓信忍胯下之辱」的故事。這個故事的最後是，韓信封侯以後，封官給原本侮辱他的人做，以顯示自己的大度。但還有一個版本，原本侮辱韓信的人看他封侯，以為韓信一定會一劍殺死自己，但韓信並沒有這樣做，只是讓這個人幫他牽馬墜鐙，每天踩他的背上馬，並在他死後讓人按照他的形象做了一塊上馬石，徹底報了自己的「胯下之辱」。根據韓信的性格，大概後者更為可信一些。

很多人都爭強好勝，一定要辱及別人顯示自己的高明，殊不知這是最低劣的手法。尤其當一個人知道自己絕對正確的時候，就會千方百計找出證據證明別人的謬誤和荒唐。這樣的行為其實對自己沒有任何好處，只能證明你是一個心胸狹窄、迂腐無聊的人。在無關緊要的小事情上，對錯並沒有多大關係，重要的是你不能為了證明自己的高明就讓他人在大庭廣眾之下出醜。讓別人留一點面子，就不會使矛盾激化，就能避免一場衝突，重要的是你不會因此多一個敵人。

—心理應用—

（一）不要試圖用證明別人錯了來顯示你的高明，因為無論你能否證明，最終輸掉的都是你。

（二）「為尊者諱」，留一點面子給別人，顧及別人的尊嚴，就是為自己留餘地。

（三）做事要學會迂迴，留面子給別人才能避免衝突。

阿倫森效應——八面玲瓏或處事圓滑就在一線之間

阿倫森效應是指隨著獎勵減少而導致態度逐漸消極，隨著獎勵增加而導致態度逐漸積極的心理現象。這種現象表明，人們往往喜歡別人對自己的評價一點點增加，從而使做事一點點變得順利。根據人們的這種心理，一直給予一個人讚揚反而會因為態度的一致而使得自己的讚揚變得微不足道，產生不了應有的效果。所以，做事要迂迴有道，巧妙迴旋，而不要直來直去，這樣達到的效果反而更好。老子說得好：「將欲歙之，必固張之；將欲弱之，必固強之；將欲廢之，必固興之；將欲取之，必固與之。」意思是，想要做一件事情，如果不能用直接手法得到，就不妨運用一些迂迴的方式，以達到「曲徑通幽」的目的。比如，想要得到大家的贊同，首先擺出一副寵辱不驚、對別人的讚賞或者批評漠不關心的態度，然後再對人們的批評或者讚賞表現出一絲興趣，最後將對方引為「知音」，對你持贊同態度的人就會越來越多。想要得到別人的賞識，與其四處自我推銷，反而不如學一學諸葛先生，讓天下都知道「臥龍」的名聲，卻很少有人見過其真面目，欲擒故縱，終於引來劉備「三顧茅廬」。

想要做成一件事情，千難萬難，大概是因為想要走「獨木橋」的人過多的原因，競爭的人越多就越不容易達到目的地。如果能夠學會迂迴做事，走小路，反而更容易達到對岸。一個人想要達成某種目的，各方阻礙的力量都會顯現出來，這所有的反應最終都會影響一個人的做事態度，如果一個人的熱情降低，那麼肯定就不那麼容易達成目標。所以，不如把自己的目標定得低一點，讓人們的注意力都關注在一個較低的過程點上，不暴露自己的目標和最終意圖，才可能突出重圍，最終達到自己的目的。葛青是公司業務部副經理，一直為事業上不能更上一層樓而煩惱。他能力非常強，但是總經理考慮到他開拓業務的能力強，卻不知管理能力如何，一直對他升職的事搖擺不定。公司進行一番內調之後，經理的位置依然空懸，很多人都預言將會出現一位「空降」經理。葛青對這一切都不動聲色，只是將自己在大學時的研究所考試用書拿出來，放在了辦公桌上，於是同事議論紛紛，以為他有考研究所的念頭。總經理聽到流言之後，果然看到了葛青搜集的研究所考試用書，於是把他叫去詢問。葛青並沒有明確回答總經理的問題，只是回答自己管理能力不夠，想要學一學而已。總經理回想了一下，原來四年以來，公司只是利用了葛青的才華，卻從來沒有提供過更廣闊的平台給他，這才意識到原來自己真的虧待了他，不久以後就為他安排了一次培訓機會，並提拔他為經理。

其實，如果他直接為自己的升遷而努力，或者直接擺出自己的功績，他的升遷未必那麼順利。正是因為他擺出了一副模稜兩可的態度，讓上司驚慌了，才最終達成了目的。

這種技巧其實早就有人用過，當年韓信因為在劉邦手下得不到重用，於是假裝逃跑，被蕭何追了回來，並拜為上將。如果他直接追求想要成為上將的目標，最終能夠做到的不過是將軍而已，蕭何的一句「此人如果不被重用，遲早還要逃跑，漢王損失就大了」，直接就為他達成了最終的目標。

迂迴才更容易達成目標，管理學大師湯姆．彼得斯在他的著作中預言了職業階梯的消失，「今天的職場人生就彷彿是下跳棋甚或是闖迷宮，你常常得向側走，向前走，走對角線，甚至在必要的時候向後退。」在職場上你面臨的不再是一級一級的升職，做事時自然也就不能直來直去，迂迴一下轉個彎，往往能更快達到目標。

—心理應用—

（一）人們往往有反向心理，越是不讓做的事情往往越是想做。利用迂迴效應還可以讓別人搶著做他們不願意做的事情，比如上帝給了潘朵拉一個「魔盒」並告訴她「不要打開」，潘朵拉忍不住好奇，最終還是打開了魔盒。

（二）對於眾人不願做的工作，也可以迂迴著告訴他們「如果今天沒人加班就好了」，然後你會發現所有人都會留下來加班，看看到底有什麼事。

改宗效應——老好人其實最討人厭

「老好人」常常指那些脾氣隨和、待人厚道但缺乏原則性的人。人們往往都會有幾分看不起這樣的人，更有甚者，有些小人欺軟怕硬，專門找這類人的麻煩。

「老好人」雖然對人寬容厚道，但因為沒脾氣、能力平庸、不能堅持原則，反而讓人看不起。美國社會心理學家針對這一現象做了一個出色的研究，表明在一個問題對某人來說非常重要的時候，如果能夠在這個問題上使一個「反對者」改變意見和自己的觀點一致，他寧願要那個「反對者」而不要一個同意者。得到一個堅持原則的人的稱讚和認同，是非常困難的，因此這個過程充滿了挑戰性，一旦得到，心裡就會格外珍惜，成就感會相當強。而一個唯唯諾諾的人的贊同是非常容易得到的，成就感就會弱，另外，他會贊同你，也會贊同別人，對你柔弱，對別人也一樣，所以「老好人」反倒常常被人當成「牆頭草」，倒向哪邊的可能都有，自然不被人珍惜和尊重。

日常生活中我們也常常發現這種現象，一個人平時特別好說話，脾氣溫和，別人反而看不起他，總是將他支使得團團轉，而且對他毫無感激；而一個總是堅持自己觀點和原則，不容易妥協的人，則總被人們積極拉攏和圍繞，因為一旦被這種人認同，就等於給對手一個巨大的挫折，他會站在你面前幫你擋去一切，所以這樣的人反而非常容易得到重用和人們的尊重。

東漢光武帝時期，有一個出了名的「硬項令」——董宣，在職的時候不畏強權，懲治官豪，毫不手軟，連皇帝也要忌憚他三分。當時，他被皇帝任命為「洛陽令」，這是個小官卻非常難做，因為洛陽住著許多皇親國戚，他們常常依仗權勢，肆意妄為，連他們家中的僕人都非常囂張，常常恃強凌弱，把京都搞得烏煙瘴氣，人人不得安寧。

董宣上任後，發生了一件命案，光武帝的親姐姐湖陽公主的家奴仗勢殺人後一直被湖陽公主包庇。董宣聽說公主的車要出門，而罪犯緊隨其後，就上去緝拿凶手。公主阻攔董宣緝拿，董宣二話不說，拔劍將凶手當場處決。

事後，湖陽公主一狀將董宣告到了光武帝面前，光武帝大怒，作勢要打死他，董宣說道：「託陛下聖明，漢室能夠中興，但有些人卻縱奴殺人，這樣怎能嚴肅律法、抑制豪強，用律法治理國家呢？不用陛下打死，我自己尋死算了。」說著將頭撞到柱子上，血流滿面。

光武帝大驚，卻不急於殺他了，但要他向湖陽公主磕頭道歉，董宣不從，光武帝命人按住他的脖子讓他低頭，但董宣雙手撐地，硬著脖子就是不低頭認罪。光武帝嘆息一聲「算你的脖子硬，還不快退下」，於是賜予他「硬項令」的美稱。從此以後，洛陽的豪門貴族再也不敢囂張，聽到他的名聲都嚇得發抖。你是否會因為怕得罪人，而違背自己的意見去附和別人？你是否總是唯唯諾諾，不敢說出自己的想法？為了討好他人，你總是恭維別人嗎？這些看似聰明的做法不一定能夠為你的人際交往加分。一個八面玲瓏、誰也不肯得罪的人，往往卻把所有的人都得罪了。一個沒有原則和自己主見的人，人們不太能夠對他感到信任，也很少讓他擔當大任。

有自己的獨立思想，敢於堅持自己的觀點，在溫婉中常常透出一種硬氣的人，更容易被人尊重和信任。雖柔韌卻不倒，雖溫和但絕不隨意苟同別人的意見，雖然溫厚但絕不任人欺負，雖然隨和親切但絕不輕易改變自己的意見和志向，這樣「柔中帶剛」的人才會被人們既喜愛又尊敬，不敢輕易得罪和輕視。

—心理應用—

（一）學會巧妙的迴旋之術，不妨在溫柔講道理的同時，流露出自己心志堅定、絕不會輕易屈服的一面。

（二）長時間的溫柔之下，不妨讓人看到你堅定的一面。只有柔中的剛強才是最有力度的，因為一個柔弱的人。

（三）如果只要認定了一個方向，反而最不容易改變，而且不容易被摧折，人們對這種人往往會帶幾分的敬畏，不會輕易冒犯，反而希望能夠得到這種人的認可和接納。

第十一章

正能量的心理學

威嚴效應——穩重、內斂、沉著的人更容易被欣賞

生活經驗告訴我們，在學識、能力、品質相同的情況下，威嚴、少語沉穩的人比大大咧咧、多語而好動者更容易得到人們的尊敬，也更容易被人欣賞，被提拔的機會也比較多，這就是社會心理學中的威嚴效應。

我們喜歡親切、隨和、外向的人，但是對於他們的命令卻很少能夠敬畏。這樣的人如果和我們是同事，就是非常好的、有人緣的「朋友」，但如果讓他們指揮自己則充滿了牴觸心理。威嚴沉默的人，我們對他們並不友好，不想和他們成為朋友，但如果被他們指揮則心甘情願。

這大概是人們潛意識中的「奴性」決定的，因為威嚴的人具有威懾力和權威感，在指揮他人方面肯定有更好的效果。再者，思維中的刻板效應一直告訴我們，希望自己的領導者是怎樣的，已經看到過的領導者是怎樣的，我們就會按照自己刻板認為的模式去尋

找自己願意追隨的人。

古時候，人們往往都通一點「相術」，根據別人的相貌判斷他是否有潛質，是否值得追隨，以後會有多大成就。漢代的蕭何，在小沛任功曹的時候，就結識了秦泗水亭長劉邦、捕役樊噲、書吏曹參、劊子手夏侯嬰，還有吹鼓手周勃等人。他見劉邦氣宇軒昂，風骨不凡，談吐也有別於眾人，是位大貴之相，所以對他格外佩服，並曾多次利用職權暗中袒護他。後來更是一路追隨，直到劉邦成為漢家天子。

三國時期，生性多疑的曹操在會見匈奴使者時，為了顯示他的威武形象，就讓一表人才的崔季珪裝成他接見來使，自己則扮成武士提著刀站在床頭。會見完畢就命間諜問匈奴使者對魏王的印象如何，匈奴使者說床頭提刀人才是真正的英雄，可見崔季珪雖然高大威猛、相貌堂堂，實際上根本沒有掌握「威嚴」的真正精髓。

人們總是從言談、相貌、舉止等方面看一個人是否具有威嚴，將來是否能夠成就大事。「相人之術」古來有之，但這些並不是無稽之談，更不是迷信，因為人們有一種心理思維，能夠在眾人目光之下保持自己威儀的人必定不同凡響。沉默寡言而沉穩的人必有經韜緯略，自然也更容易讓人敬服。

對現代人來說，「相人之術」可能比較遙遠，但是人們潛意識中更加信賴穩重而沉默的人，依然會根據一個人的表現判斷他是否適合當主管，是否應該追隨他、信任他、尊敬他。所以，在人們面前盡量保持自己的威儀吧，如果你想要得到更高的職位，就要學會在別人面前樹立起自己的高大形象。

首先要注意自己的穿衣打扮，保持服裝整潔、保守可以為自己的形象加分。多穿深色的衣服，因為深色給人嚴謹、穩重、厚實的印象，越深的顏色對他人越有威懾力。儀容應該時刻整理，保持整潔。

注意自己的言行舉止，言行應該有依據，謹言慎行、遵守諾言，不要過於輕浮，不要有油嘴滑舌的壞習慣，說話之前應該三思，說出的話應該有條理，顯得經過深思熟慮。為人可以豪爽，但不要顯示出流氓氣息；可以說笑話，但笑話不要過於輕浮、流俗；要忠厚但不要軟弱可欺；可以寬容，但不要沒有原則。一舉一動不要顯得過於輕浮；中規中矩固然好，但不要顯得老氣橫秋，顯示自己的成熟魅力和理智、知性氣質更容易被人接受。做人多一點圓滑，但不要八面玲瓏；多一點耿直，但不要清高自詡；多尊重他人，聽取他人意見，展現自己的謙遜，但不要沒有自己的獨立性。這樣更有利於保持自己的高大形象，平時也可以給別人一點恩惠、進行一些感情投資、多關心他人等。人們常說「得人心者得天下」，想要使別人追隨自己就要捨得投資，這種投資不僅僅是物質上的，還包括滿足他人的情感需要、幫助他人實現願望等。

一心理應用一

（一）做人、做事方面少一點感情用事，多一點理性思考。

（二）做事多一點嚴密和大氣，不要過於追求完美，做事不拘小節的人更容易被欣賞，但不要有漏洞。

（三）有才華是好事，但不要隨意炫耀，以免顯得浮誇。

貝勃定律──帶人就要帶到心坎裡

貝勃定律是建立在相對理論上的一種定律，表現為本身的基重越大，對於增加的重量感受越遲鈍。這個定律是基於一個實驗之上的，一個人右手舉著三百克的砝碼，左手舉著三百零五克的砝碼，感覺不到多少不同，只有增加到三百零六克時，才稍有感覺。而如果左手舉著六百克的砝碼，那只有左手上的重量到了六百一十二克才能感覺到重。人們對於差別的感覺往往取決於原來的事物。

生活中這種現象也很常見，同時也非常好理解：孩子原本有一塊錢，你再給他一塊，他會感到非常高興，假如他有一百元，你再給他一塊，他就絕對不稀罕了。原本三元一斤的雞蛋每斤漲了三元，你會覺得非常難以接受，可是如果三十元一斤的茶葉，每斤漲了三元呢？

所以，想要讓一件小事在對方的心裡變得非常有分量，就要謹慎地選擇這件「小事」，選擇對方沒有感受過的或很少感受的「刺激」去刺激對方，才可能有成效。想要別人追隨你，就要做別人很少做的事，累積稀缺的「品德」，才能讓眾人對你刮目相看。

古時候，有個詐騙犯出獄之後，處處受人抵制，很多雇主對他更是諸多防備。他總是在不斷找工作、不斷被辭退，自己對自己也總是充滿懷疑。一次，他的新雇主告訴他有重大的事情要他辦，並要求他把一封信盡快送給對方。他告訴雇主他曾經入獄，雇主並沒有說什麼，只讓他快去快回，很多人都懷疑他會半途跑掉（賴掉薪水）。但這個人並沒有辜負雇主的期望，以最快的速度把消息傳遞了出去，並把應對之策帶給了雇主。後來，這個人終身都在那個雇主身邊做事，不斷被委以重任。人們都問雇主當初為什麼要一個犯過罪的人做一件事關重大的機密要事，雇主只說「因為犯過罪的人更希望得到別人的信任」。

給人恩惠也一樣，一定要給到別人的心坎裡，才能引起人的充分感激。比如，對於某些薪水微薄的人來說，替他漲點工資，對方就會興高采烈地加班，而對於那些年薪幾十萬的上班族來說，加薪這種手法是不足以刺激他的，加得少了，對方不感興趣，加得多了，自己承受不了。這就是差別，面對的人不同，就要找出可以刺激他們的不同方式，這樣你為他們所做的每一件小事才能被他們記住並感激。

豫讓是春秋時期的晉國人，他先後跟過幾個主人，他先是范氏的家臣，後來又投靠了中行氏，兩個人都對他獎賞有加，但是卻並沒有重用他，直到他成為智伯的家臣才受到重用。智伯非常尊重他，和他的關係也非常密切。後來智伯遭到趙襄子的殺害，豫讓幾次三番不惜殘害自身為智伯報仇。趙襄子問他：「為什麼原本追隨中行君，中行君被智伯殺害，你卻歸順他；而我殺了智伯，你卻要刺殺我呢？」豫讓回答：「因為智伯拿朝士的禮節待我，所以我要用朝士的禮節對他效忠。」

「士為知己者死」，豫讓這樣的壯士，最在乎的是能否被重用，而不是物質上的刺激，所以，他會為尊重他、懂他的人賣命。

心理應用

（一）讓一個人心甘情願追隨自己，不妨用一件小事讓對方對你刮目相看。

（二）要選擇對方最希望得到的東西，用最希望你為他做的事去感動他，這樣才能讓他產生感激之情，讓他敬重你、感激你、願意追隨你。

這樣請求，讓人心甘情願幫你的忙

給人一個理由，一個願意尊重你、追隨你的理由，才更容易被人信服。

過度理由效應告訴我們，每一個人都會力圖使自己和別人的行為看起來合理、一致，所以人總是在為自己的行為尋找原因，無論是真正原因還是謬誤的外部原因，只要找到了，就會認為自己的行為是合理的。

日常生活中我們常常會遇到這種情況，你也曾經偷偷問自己「為什麼會喜歡他」，然後自我回答因為他英俊溫柔、他懂得討人歡心、他很誠懇或者他和自己有默契等，似乎只要找到一個理由，自己就心安理得了，就能和對方天長地久下去；如果找不到，就會惶惶然怕有朝一日失去對方。

人做事的時候也會不自覺地問自己為什麼要這樣做，然後找到一個看似合理的理由就可以繼續下去。

人們的這個心理其實很容易被人掌握，只要找到一個理由讓人們追隨你、幫助你，就容易引來更多人的幫助，到那時，所謂的「追隨」就變成了「眾望所歸」。

比如，你希望別人幫你一個小忙，與其說「我實在忙不過來了，你幫幫我吧」，不如說「幫我弄一下這個吧，下午請你吃飯」，或者「我知道你文采最好了，我怕自己寫不好，你幫幫我吧」。為什麼呢？因為前一個理由只講了你自己的原因，不關別人什麼事，別人自然不會心甘情願，後面兩個理由則幫別人找了一個幫你的原因：「你要被請吃飯」、「你的文采好」。

找到那個理由是讓別人能夠甘願追隨你的關鍵。給人一個命令不如給人一個原因、一個理由。對於人心的再多籠絡和百般討好，如果對方找不到一個你這樣做的理由，就會認為你別有用心，甚至會牴觸你所謂的「好」。

講出你做事情的道理，講出你對某件事情的謀劃，然後聽取大家的意見，最後總結成一種方案，並說出這個方案的最大好處，別人才可能聽從你的意見，追隨你做事。

著名的廣告大師奧格威說：「永遠不要以為消費者是傻子，商品擺在商店裡，買不買是他們的事。如果你說得有道理，他們就會相信你；如果你說得牽強附會、於理不通，他們就會毫不猶豫地把你拋開。」當然，如果說不出理由，人們也不會輕易就買你的帳。

Visa卡和萬事達卡曾經為用戶提供了「花旗購物卡」活動，他們告訴消費者「使用花旗購物卡可以讓您享受二十萬種名牌商品的最低價」，結果消費者對此回應寥寥。

經過反思後，他們認為自己只宣傳了利益，卻並沒提供可令人信服的理由。於是在後期的宣傳中變成了這樣一段話：「使用花旗購物卡可以讓您享受二十萬種名牌商品的最低價，因為我們的電腦一刻不停地監控著全國各地五萬個零售商的價格，以保證您能夠享受到市場上的最低價位。」廣告一出，信用卡的註冊人數大增。

契訶夫曾經有這樣一句名言：「有權威的人，即使撒謊也有許多人相信。」這是為什麼？因為他的權威就是人們信任他的理由。

想要得到眾人的跟隨，就要為眾人找到一個理由：你本身能力不凡、你是權威人物、你得到權威人物的認可、你勇敢堅毅、你做的事情總是有最好的結果等。

心理應用

（一）當你為人們尋找理由的時候，一定要尋找內部的理由，而不是表面的原因。

（二）與其說「如果我們完成這個專案，老闆肯定會為我們加薪，還有年終獎金」，肯定遠遠不及多講一些比如「一起努力吧，我相信大家都想做一番大事，贏得屬於我們自己的榮耀和地位」這樣的話，更能激勵人心。

（三）講出你的道理，更容易被人信任和追隨。

激將效應——用一點激將法讓對方照你的想法去做

在心理學上，透過反向刺激促使被刺激者做正向行為的心理學效應，叫做「激將效應」。俗語說「樹怕剝皮，人怕激氣」，每個人都有自尊心和叛逆心，如果能夠刺激對方的自尊心，激起對方不服輸的情緒，就能夠將一個人的潛能發揮出來，從而讓對方按照你的意願去做事。

想要駕馭人心，除了懂得人心以外，還要懂得利用人心。對於難以用語言說動、難以用行動打動的人，不妨用其自尊心強的一面去刺激他，就可得到自己想要的結果。日常生活中，想要人們按照你的意願去做事，也不妨使用一下「激將法」。月月的媽媽非常聰明，她希望孩子能夠愛上音樂，於是買了一架鋼琴擺在客廳裡，總是在飯後自己彈上一段。月月看了很羨慕，糾纏著媽媽也要學彈鋼琴，媽媽語重心長地告訴他「鋼琴是個非常難學的東西，需要長時間的學習和練習，每天至少要一個小時的練習才能學好，而且還需要堅韌的毅力，與其你將來放棄，不如現在就不要浪費時間。」月月性子急，好奇心重，但缺少耐力，果然低下頭不說話了。媽媽在一邊故意說道：「反正你也吃不了這種苦頭，學不會的，幹嘛非要學？」月月一聽果然中計：「誰說的，我一定要學會。」最終纏著媽媽堅持了下去。俗話說「請將不如激將」，按照別人的性格適當使用激將法，效果要好得多，也更容易達成目的。當然，前提是對方是員大將，有較強的自尊心，否則對「劉阿斗」一樣的懦弱之輩是不可能發揮任何作用的，反而可能弄巧成拙。再者，激將也要有方法，並不是隨意貶損對方就能夠產生作用。看一看，《三國演義》中的諸葛亮是怎樣使用激將法的，從中也許可以學到不少技巧。諸葛亮奉劉備之命去勸說孫權共同抗曹，但他看孫權一表人才、性格堅毅，不是隨便能夠勸說動的，就決定運用激將法。他先說曹兵有一百萬，然後再誇大曹操的實力，有一百五十萬的兵力，戰將和謀士也有一兩千人，然後說道：「我只說一百萬，原因是怕驚嚇了江東之士。」還主張孫權向曹操投降，激起了孫權的怒氣。孫權問：「你家主公為什麼不投降？」諸葛亮答道：「當年的田橫，不過是齊國的一名壯士罷了，尚能篤守節義，不受侮辱，更何況身為王室之胄、英才蓋世、眾士仰慕的劉豫州？事業不成，這是天意，又豈能屈處人下？」氣走了孫權，然後再說自己有破曹良計，只不過對方沒問，孫權聽說，趕過來求教，自然達到了說服的目的。

在說服周瑜的過程中，這一方法得到了更好的運用，他搬出了《銅雀台賦》中的兩句詩詞「攬『二喬』於東南兮，樂朝夕與之共」，證明曹操攻打江東是為了得到大喬、小喬兩個美人，小喬是周瑜的妻子，這一下徹底激怒了周瑜，拚了命也要和曹操一決雌雄。其實詩歌的本意是，將興建兩個高台以收勝景，然後再於台間建兩座橋，以便朝夕流連其中。諸葛亮巧借「二橋」的諧音一下戳到了周瑜的痛處，達到了說服的目的。

從這段文字可以看出，運用激將法起碼有以下兩種技巧：

（一）人選，必須對性格剛直的人才能運用，否則遇到過於懦弱的反而被嚇倒了。如果遇到老謀深算如「司馬懿」的，表面上受了激怒，可實際上仍不動聲色，反而大事不妙。

（二）激將法一定要踩到他人痛處。諸葛亮之所以能夠激將成功，是因為找到了孫權和周瑜的痛處。他先說「怕驚嚇了江東之士」，就是諷刺了孫權手下有人居然被嚇到「主和」，等於踩到了孫權的「貓尾巴」，然後再表明自家主公「身為王室之冑、英才蓋世，自然不甘受辱，寧敗不屈」，言外之意，譏諷孫權如果投降就是沒有氣節沒有才能。被曹操感嘆「生子當如孫仲謀」的孫權怎能忍受這種諷刺？對於周瑜，則踩到了他對老婆美女小喬的關切愛護之心，自詡「風流瀟灑」但心胸狹窄的周郎怎麼能容忍別人覬覦自己的老婆？當然要和對方一決高下。

運用激將法，一定要踩到對方痛處，比如對方沒有經驗、地位比較低等都可能成為他的致命傷，只要被觸及就會火冒三丈。如果踩到對方不痛不癢之處，激將的目的就不能達到。總之，激將也要有道，只有運用技巧才能做到讓他人按照你的意願行事，否則就會影響效果，甚至弄巧成拙。

白璧微瑕效應——暴露一些小缺點讓你更受歡迎

白璧微瑕效應常常被稱為「犯錯誤效應」，即小小的錯誤反而會使有才能的人人際吸引力更高，但這個錯誤也並非所有人來做都有效，而是對一個能力非凡的人而言，他能夠犯錯誤，才能讓人覺得親切，才能更有吸引力。

社會心理學家阿倫森為此設計了這樣一個實驗：在一次演講會上，讓四位助手各有不同的表現，其中兩位表現非凡、才能出眾，另兩位則表現出才能平庸。這時，才能出眾的一人失手打翻了飲料，而才能平庸的一人也碰巧打翻了飲料，測試四個人對人們的吸引力怎樣。結果證明：才能出眾而犯小錯誤的人最有吸引力，而才能平庸卻犯錯誤的人最缺乏吸引力。

日常生活之中我們也常常看到這種現象，在某些領域有特殊才能的偉大人物，生活上往往迷迷糊糊，容易犯各種小錯誤，這樣的人反而更受歡迎，比如前美國總統歐巴馬常常被太太和女兒嘲笑不精通家務，常犯些小錯誤，但這些並沒有讓總統的形象受到影響，反而讓選民覺得他更加親切。愛因斯坦在壽宴上的「鬼臉」，讓人感到他平凡、頑皮的一面，更讓人喜歡。

可見，具有非凡才能的人不妨犯一些小錯誤，會讓人更樂意追隨你。心理學上對這種現象有種解釋，人們認為完美無缺的人給人的感覺總是不安全不真實的，「神祕的事物都是值得懷疑的」，因此對於這種形象總是選擇敬而遠之，而犯一點小錯誤，往往會把這層神祕的面紗揭起一些些，讓人們更喜歡和容易接納。

因此，在生活中不妨犯一些小錯誤，當然前提是你的才能足夠高、你足夠優秀，這些小錯誤反而能夠增加你的人情味，讓更多人喜歡你、追隨你。

漢高祖劉邦心中頗有遠大謀略，但他傲慢看不起人，比如他在召見酈食其的時候就坐在床邊伸著腿，讓兩個女人幫他洗腳。結果被酈食其反問：「您是想幫助秦國攻打諸侯呢，還是想率領諸侯滅掉秦國？」然後諫言道：「如果您下決心聚合民眾，召集義兵來推翻暴虐無道的秦王朝，那就不應該用這種傲慢無禮的態度來接見長者。」直到劉邦將自己整理整齊並向他道歉，酈食其才講出了自己的謀略。

劉邦還一邊洗腳一邊接見過英布，還在儒生的帽子裡撒過尿，但他的這種傲慢之舉反而吸引更多人來為他效力，因為他總是一邊「犯錯」一邊「悔改」，讓那些有才之士意識到自己的「有用」，更願意追隨他。

想得到別人心甘情願的追隨，就要讓自己的身上有「缺點」，正因為有「缺點」，別人才願意追隨你、彌補你的缺陷。人們喜歡有才能的人，但如果這種才能達到了盡善盡美，讓人感覺到自己的卑微無能和價值受損，人們就會下意識地開啟「自我保護功能」排斥這個人，甚至對他產生嫉恨。唯一能夠消除這種嫉恨的方式，就是讓自己也犯一些小錯誤，有一些小缺陷才能得到更多喜愛和追隨，還能降低他人的戒心。

《後漢書》中記載，英布造反，劉邦決定親征，並命令蕭何籌集糧草、安撫百姓，但卻屢屢派密使監視蕭何的一舉一動。就是因為蕭何過於優秀，常常為百姓著想，深得民心，劉邦害怕蕭何的名望超過他，以後會謀反，所以才有了以上舉動。於是，蕭何聽從了下面人的建議，胡亂收取捐稅，並時不時貪汙兩把。劉邦聽後，覺得蕭相國也不過如此，才真正放下心來。

心理應用

（一）一個容易犯小錯誤的能力出眾者，降低了普通人的心理壓力，縮小了和平庸者的心理距離，保護了他人的自尊，能得到更多人的喜愛和追隨。

（二）如果你是一個「強者」，在表現自己非凡才能的同時，一定要暴露出自己的一些「小缺陷」，才顯得更加平易近人。

（三）如果你是一個「平庸者」，一定要顯示自己的兢兢業業和謹小慎微，不斷努力才能得到人們的認同和追隨。

第十二章

蓄勢待發的心理學

成功，也不把驕傲擺在臉上

一個人喜歡「喜怒形於色」，別人就能夠根據他的表情揣測出他的情緒，他就少了很多威懾力。對於人們來說，最懼怕、最敬畏的人並不是易喜易怒的「猛士」，而是表面上不動聲色、暗地裡卻有自己的主意的人。

一個人能夠「泰山崩於前而面不改色」只是勇敢，而如果能夠在任何情況下都不動聲色，不輕易表現自己的喜怒，別人就不能預測出他到底有怎樣的能力和應對之策，自然多了很多威懾力。

因為這種人常常深藏不露，人們看不透他城府有多深。這是一種普遍的社會心理，人們對於自己不能輕易瞭解、不能輕易看透的人或者現象有一種天生的畏懼，會盡量嘗試不去接觸他們。古代人對於自己不能解釋的現象，往往會歸因於某種「神奇的力量」，天生畏懼和遵從。歷代君主也總是表現自己「天威難測」的一面，不會輕易喜怒形於色，即使恨一個人恨得牙癢癢，還是會不動聲色地賞賜他，直到扳倒他。這種不動聲色的表現就多了很多迷惑對手的因素在內。

在現代，不動聲色首先意味著你是高深莫測的，你的能力會不容別人小覷，起碼在別人的意識中是這樣的。

對於不輕易動喜怒的人，人們更不敢輕易得罪。讓人看不透你的才能和底細，不懂得你還有多少張底牌，這樣對方自然是不敢輕舉妄動的。再者，別人不能輕易看透你的喜怒哀樂，也就不能輕易找到你的「弱點」，對方就會陷在只能觀察你而不能輕舉妄動的被動當中，這對於自己做事自然有很多便利之處。

摸不透你的「性格」，人們就不能根據你的性格行事，你也就不會輕易陷入某些人為的陷阱。另外，別人弄不懂你的真正心思在哪裡，自然也就不知道應該在哪個方向阻攔你，往往你已經成功了，別人才能弄懂你的真正目的所在，這樣在過程中就少了許多阻礙，成就事業會更加順利。

偽裝不露也是一種本事，真正有本事的人是不屑於張揚炫耀的。還記得煮酒論英雄的故事嗎？劉備落魄，屈居於曹操帳下，謀臣勸說曹操早日殺掉劉備，以免日後其壯大，但因為劉備頗有仁義之名，而且關羽、張飛都是虎狼之將，曹操無處下手。劉備也只好每天種菜，韜光養晦。曹操想要藉機考驗劉備，於是在一個風雨天，和劉備一起喝酒，並詢問他誰是當世英雄。劉備只好顧左右而言他，指出了那個時期割據勢力中的幾位。無奈被曹操一語點破「天下英雄，唯使君與操耳」，此語一出，嚇得劉備將筷子都掉在了地上。其實，這是一句試探之言，說明曹操已經看透了劉備的胸懷和謀略，不過劉備的反應則說明了他的心虛。幸好天空一個驚雷傳過，劉備不動聲色地拾起落地的筷子，從容道「一震之威，乃至於此」，才掩飾了過去。

假如，劉備不是如此從容，而是大驚失色或者表露出一絲慌張，就極可能被曹操看出端倪，找藉口殺了他。危急時刻尚且有如此急智，能夠不動聲色，也就劉備能夠做到。

當然，曹操也不差，當年行刺董卓，被董卓從鏡子裡看見他拿出了刀，他並沒有慌亂，從容地拿出寶刀，獻給了董卓，才退出帳外，打馬而去。只有這樣的人，最終才能成為英雄，才能成就大業，這也是所有人的共識。相比之下，人們更容易相信和尊重一個不動聲色的人，喜怒形於色、情緒外露常常被人們認為是不成熟、不穩重的表現。

一個深藏不露的人，人們才會因為看不透他而更加畏懼他。

一心理應用一

（一）平時不要把喜怒掛在臉上，否則會被人們認為不成熟、不穩重。

（二）不動聲色、深藏不露，讓人們看不出深淺，才更容易被畏懼。

（三）不要暴露自己做事的目標，就能減少很多阻力。

做人要有點心機

迴力鏢是澳洲原住民使用的一種武器，這種武器在拋出去以後會重新返回來。人們用這種武器比喻一種社會心理學現象。這種現象表現為，一個人的行為結果與心理預期的目標會完全相反，這往往是由人們的情緒逆反造成的。

日常生活當中常常會發生這種情況，比如宣傳自己的產品時，用一些誇張的語言反覆宣傳，反而容易引起消費者的反感，或者為了對其他人負責而諄諄教導，結果事與願違，反而使被教育者越來越叛逆。當你試圖說服別人接受你的觀點時，對方會因為討厭你的說服而討厭你的觀點；當你希望得到別人的認同而討好奉承別人時，也許別人會對你越來越厭煩。

這就是所謂的「迴力鏢效應」。造成這種結果的原因通常是人們的反向心理，另外還包括超限效應，如果你的宣傳過於誇張、批評時間過長、奉承過於拙劣露骨，就會引起人們的反感，造成結果與你的預期相反。想要避免這種狀況就要避免超限效應。另外還有一個可能就是目標與方法不協調一致，如果只盯著自己的目標而忘了選擇恰當有效的方法，就可能引起人們的反感，從而造成結果與預期相反。

如果做事的時候，害怕因為目標過於明確受到人們的抗拒，就應該學會隱藏自己的真正目標，或者乾脆在自己的目標前設計一些「煙霧彈」，讓對手去抵抗這些無關大小的煙霧彈，阻礙的力量就小了，就更容易達成目標。

保險推銷人員王某，在推銷自己的保險之前，總是首先和那個人成為朋友，讓對方知道自己是保險推銷人員，但卻從不提議讓對方接受某種保險。一次，朋友問他：「你為什麼不向我介紹你的保險呢？」王某回答道：「如果我的身分沒有讓你產生買保險的需要，就表明你是不需要的，說明我做得還不夠，沒有讓你意識到它的重要性，急急忙忙地推介又有什麼用呢？」果真，後來這個朋友把公司的員工保險都投給了王某的公司。

人們對於保險人員、推銷人員普遍有一種心理上的反感和抗拒，這是由一些人的糾纏造成的。如果不那麼急功近利，對方雖然知道你的最終意圖，但你不打擾他，他也會容忍你，當真正產生需要的時候，你就能夠達到自己的目的。如果一味宣傳自己的產品，反而讓人反感，連朋友也沒得做，機會就徹底失去了。不要輕易透露和強調自己的最終目標，有時候，並不用真正將目標隱藏起來，只要自己的行為方式變得更符合或迷惑人們的心理，就能夠有效防止人們產生反向心理，使結果離預期目標原來越遠。

心理應用

（一）不要輕易暴露自己的最終目標。

（二）達成目標的方式應符合人們的心理。

（三）遇到阻礙行為，可以適當放些煙霧彈迷惑對方，避開阻礙。

禁果效應——吊足胃口讓事情更有吸引力

禁果效應是指沒有充分理由的禁止反而會激發人們強烈的探究欲望，這是由人們的「好奇心」和「反向心理」決定的。這一效應來源於《聖經》，傳說中神造人以後，將夏娃和亞當放在伊甸園中，告訴他們園中的食物任由他們取用，唯有一棵樹上的果子不可摘取。上帝走後，夏娃受到蛇的誘惑，偷食了善惡樹上的禁果，並誘惑她的丈夫也吃了善惡果，結果受到上帝的懲罰。人們常常認為，禁果格外香甜，越是禁止嘗試的欲望反而越強烈。利用人們的這種心理，可以適度禁止人們做某件事，而完全不必提出合理的理由；吊吊人們的胃口，反而更容易促使人們去做某些本來不喜歡做的事。

禁果效應在日常生活中常常被人們使用，比如，人們可能會把某些動物不喜歡吃的「貓糧、狗糧」放在一個蓋著蓋子的容器裡面，引得貓兒狗兒垂涎三尺，自然趁主人不注意就舔舐乾淨了。把牛最喜歡吃的青草放在房頂上，讓牠們只有費力抬頭才能吃到，刺激牠們的食欲。對孩子的教育也往往採用「吊胃口」、「賣關子」的方式來激發他們的興趣，促使他們解決難題。這種方式往往能夠毫不費力地使人們按照自己的想法去做事，比起直接要求他們做，有事半功倍的效果。

馬鈴薯在法國的廣泛種植，就是一個典型的利用禁果效應來推廣新事物的過程。在當時的法國，馬鈴薯被稱為「鬼蘋果」，農民都不願意引種，馬鈴薯的推廣種植遇到莫大阻力。這時，法國農學家帕爾曼想出了一個好主意，他要求法國國王給他一隊士兵，在一塊貧瘠的土地上種上了馬鈴薯，並讓那些全副武裝的國王軍隊看守。夜晚後，軍隊撤走，人們開始偷偷從家中跑出來，挖走種好的馬鈴薯種到自己的田裡，「軍隊看守的肯定是珍貴的好東西」。於是，馬鈴薯的種植開始迅速在法國得到推廣。

其實，馬鈴薯還是原來的「鬼蘋果」，但是因為「軍隊的看守」為它披了一層神祕的外衣，而無法知曉的「神祕事物」——沒有原因的不允許或做不到的事情比能夠接觸到的、能夠做到的事情對人們有更大的誘惑力。這種禁止反而會促進人們渴求接近和瞭解的欲望。所以，在運用這種效應時，一定要注意不要對資訊進行完整的表達，比如說「你不能吃這種食物，否則會中毒」，說出了這樣一個原因，這件事就已經完整了，人們是不會去觸碰的，而僅僅說「別吃這個」而不透露確切原因，那個關閉的資訊就會在人們心理上造成一種接受空白，這種空白就會強烈刺激人們的窺視欲望，從而非要做到不可。

學會深藏，就是學會態度的半遮半掩，學會行為的「欲迎還拒」。當你希望事情朝著某個方向走的時候，不妨不要把所有的資訊都放出去，放出一半留下空白。留下讓人們窺探的空間就等於留下一個「香甜的誘惑禁果」，吊一吊胃口，人們自然會按照你的意願和預期的方向去做事。

心理應用

（一）日常做事的過程中，也不妨適當吊吊人們的胃口、賣賣關子，才能產生更好的效果。

（二）「千呼萬喚始出來，猶抱琵琶半遮面」的效果，比直接的暴露更能夠引起人們的遐想。

（三）半禁止半推卻的行為，比直接的命令更容易讓人接受。

動機適度定律——別輕易暴露真實動機才能成就事業

動機適度定律意思是，只有適度的動機才能幫你真正達到目的，如果動機太強，反而會因為自身的緊張或者遭人反對而發揮不出自己的真正水準，事情也不可能順利。其表現為，在比較容易的任務中，工作效率隨動機的提高而上升；隨著任務難度的增加，動機的最佳水準有逐漸下降的趨勢。一般來講，最佳水準為中等強度的動機。

這段話可能比較難理解，想一想生活中的某些事情，如果你非常精於做飯，是不是想做得越來越香；如果你對開車的技術不太熟悉，那麼你是在公路上開得好還是在泥路上開得更好呢？是不是有時候，越想開得好，往往越做不到？這就是動機適度定律的真正含義。只有動機是適度的，精神才能放鬆，事情才可能做得更好。

孔子和他的弟子顏淵就有一段關於「駕船如神」的故事，講的是顏淵向孔子請教說：「我曾乘舟渡過一個深潭，艄公駕船的本領神奇莫測。我問艄公可不可以學會這樣的駕船技術。艄公回答說會游泳的人很快就會學會；要是會潛水的人，就算從來沒見過船也能夠操作自如，但艄公卻不肯進一步解釋原因，請先生講一講是怎麼回事。」

孔子沉吟了一下，回答他：「會游泳的人很快就能學會，是因為他們通水性，不把水放在心上。會潛水的人就算從來沒見過船，一下子就可以駕船，是因為他看待深淵就像地上的小山一樣，看待翻船落水這回事就像在路上倒車一樣。翻船也罷，倒車也罷，在他眼裡簡直太平常了，他根本不會放在心上。這樣的人，不論什麼時間、什麼地點，他都安閒自在。」

然後，又為他打了一個比方，如果一個略通賭術的人用瓦塊為賭注，心理上就會毫無負擔，賭起來就會輕輕鬆鬆，因為對輸贏處之泰然，獲勝的機率就比較大；如果用衣物之類來做賭注，他就會有些顧忌；而如果用黃金做賭注，就會因為顧慮重重而患得患失，他的技巧難以發揮就容易輸掉了。但是相反，如果一個人精於賭術呢？用石子賭就會無所謂，用黃金賭就會看得很重，自然要非贏不可，手起手落之間反而更俐落，贏的機率也就大了。

這段話向來是解釋動機適度定律的經典，當然它還可能有另一層含義：如果我們做某件事的動機過強，一定要做成某件事，因為自己的慎重就會引起旁觀者甚至對手的注意，他們就有可能千方百計進行阻攔和反對；而如果自己一副無所謂的樣子，雖然成竹在胸但是輕鬆自然，別人就可能因為你的態度而產生迷惑，這種反對就會相對減輕。

一個人的態度也能夠影響到旁觀者甚至對手的態度，使得事情的發展產生不同的變化。比如，當你做一件不太熟的事情時，旁邊越有人參觀，你大概會越緊張；而如果你越想一定要做好，不要讓別人看笑話，那個旁觀者就越容易干擾你的情緒，從而讓你成為笑柄。這時候，掩藏自己的動機才可能讓人們忽視你的野心和勢在必得的決心。

大家都輕鬆地對待，事情才有可能得到更順利的發展，比如劉備在有自己的勢力之前，從來不表露自己的雄心抱負，更沒有一定要幾分天下的打算，只是明白自己遲早要闖出一番天地。直到後來諸葛亮為他分析天下大事，定下了三分天下的策略。如果他一早確定「三分天下」或者「一統中原」的目標，會不會早就被害了？

一心理應用一

（一）平時做一件事情也要找一個適度的動機，不要讓自己的壓力太大，更不要讓別人感覺到太大威脅，否則，就可能出現不少反對者。

（二）你越固執己見，反對意見就會反彈得越厲害，做起事情來阻礙也會越大。

（三）掩藏好自己的真實動機非常重要，只有看起來輕鬆自然沒野心，最終才會滿足自己的野心。

遮蔽效應——別被一時的表現所蒙蔽

遮蔽效應是指：人的耳朵對聲音頻率的敏感地帶表現為強信號，會遮蔽臨近頻率的弱信號。在心理學領域，這種遮蔽效應表現在當發生某件事時，人們對此的反應會與真實的情況有所差別，人們的知覺往往會被某些心理學效應或者某些人的表面表現「遮蔽」。

生活中，我們往往會有這樣的體驗：在安靜的房間當中，就算一根針掉在地上都能聽見；而到了大街上，就算將手機鈴聲調到最大，來電時也未必能夠聽見，手機的聲音並不小，只不過被周圍更大的聲音遮蔽了而已。當同樣優秀的三個人一起面試的時候，因為前兩個人的光芒，會使得第三個人即使同樣優秀也會被認為平庸。除非他表現得更好、更優秀，這就是因為他的光芒被前兩個人遮蔽了，或者因為面試官的「審美疲勞」。

這種效應如果能夠拿來利用它韜光養晦，未必不是一個好的方法。有句古話叫「小隱隱於野，中隱隱於朝，大隱隱於市」意思是，真正的隱士並不是將自己隱居於山野之中，用環境去達到物我兩忘的心境，而是隱居於市井之內，讓紅塵中的人群徹底將自己遮蔽掉，自得其樂，可見其高明之處。劉備作為「皇叔」曾經賣草鞋，關羽、張飛也是市井人物，真可謂大隱隱於市了。如果能夠向他們學一學，在自己沒有露出才華的時候，將自己隱蔽起來韜光養晦，就能夠少很多俗世的煩惱，也少了很多被對手注意、摧折的機會，也就能夠等到自己真正發出耀眼光芒的那一天。「珍珠」只有把自己隱藏在貝殼中，才能在面世時讓人們驚豔；真正的英雄必須將自己的光芒遮蔽在其他人的光芒之下，才能躲過數不清的明槍暗箭，最終成為英雄，尤其當自己處於弱勢時，更是如此。

在平時，我們也要學會韜光養晦，除了隱蔽自己的光華以外，不妨為自己的對手製造一些鋒芒畢露的強大勢力，讓自己隱蔽在他們的光芒之下，在夾縫中求生存、求成長，反而能夠更加安全地快速壯大。劉邦在鴻門宴之後，接受了項羽的分封，被封為「漢王」，但心中並不甘心。項羽對他也不放心，因為畢竟是他最先攻進了咸陽，又有一大批謀略過人的手下。於是，劉邦在去領地的途中燒毀了棧道，表白自己並沒有向東擴張的意圖，因為自己一旦要出漢中，必要重修棧道，從而被項羽覺察。與此同時，他還採取了另一個策略，讓張良寫信給項羽、蒙蔽項羽：「漢王名不符實，欲得關中；如約既止，不敢再東進。」然後，將田榮反叛的消息告訴項羽「齊國欲與趙聯兵滅楚，大敵當前，滅頂之災，不可不防」，將項羽的注意力引向了東部，放鬆了對劉邦的防範。這就是遮蔽效應最好的運用之道，將自己的光芒隱藏在他人的光芒之下。太陽之下不見群星，但群星並非消失了，只不過減弱了自己的存在感，也就減弱了在他人眼中的威脅感，就更容易成就大事。

一心理應用一

（一）學會韜光養晦，不要急於表現自己，風頭太盛必遇摧折。

（二）當自己的才華引起他人注意和攻擊的時候，不妨將自己遮蔽在風頭更健的人身後，減弱自己的威脅感，為自己爭取壯大的時間。

第十三章

人見人愛的心理學

互惠關係定律——大方的人最受歡迎

心理學上的互惠關係定律由心理學家霍斯曼提出，他認為人與人之間的交往本質上就是一種社會交換，而這種交換跟市場上的商品交換所遵循的那些交換原則是一樣的，也就是說，人們都希望在交往中，自己所得到的多於自己所付出的，但通常付出與得到只有對等才能使這種關係維持下去。用俗語表達就是「給予就會被給予，剝奪就會被剝奪；信任就會被信任，懷疑就會被懷疑；愛就會被愛，恨就會被恨」。

根據這一原理，想要日後有更多人幫助你就應該不要吝嗇付出，使交往滿足彼此間的某種需要，才能使這種關係維持下去。想要為日後鋪設好前程，就應該在今日就努力幫助他人。每個人都不想成為忘恩負義的人，今天你幫助他，日後就肯定能夠得到他的某種回報。

《權謀書》中記載了這樣一個故事：趙宣孟在前往絳邑的路上，看到枯桑下有一個快要餓死的人，就下車餵他食物。趙宣孟給他飲食，並送給他兩塊肉。他行禮接受了卻不吃，問他為什麼，他回答剛才吃的食物味道好，要送給老母親吃。宣孟說：「你先把這個吃掉，我另外再給你。」於是又替他盛了一些食物，另外又給他兩塊乾肉和一百個錢。

這點小小的恩惠就使得趙宣孟獲得了他的救助。三年後，晉靈公想要殺宣孟，於是把宣孟叫來一同喝酒，房中埋伏刺客。宣孟得知後逃了出來，刺客在後面追趕，不久一個人追上了宣孟，看到他後大驚：「果然是你！讓我代你犧牲。」原來這就是那個枯桑下快要餓死而被趙宣孟救了的人，他返回身與其他的武士相鬥而死，趙宣孟卻活了下來。

這就是幫助他人得到的回報。人是三分理智、七分情感的動物，如果你幫助了別人，別人就會想著把恩惠還給你。想要明天有人為你效勞，今天就要不吝付出，多結交一些朋友，施予一些恩惠，這樣在鍛鍊自己的同時也能夠得到人心，付出的同時也是在為自己的前程鋪路。

無論做事還是與人交往，都要站到一定的高度去看待。只有高瞻遠矚，不過於計較今日的付出甚至「吃虧」，你才可能得到長期的回報。

有個老闆，沒有受過什麼教育，也沒有背景，但他的生意卻出奇得好，而且歷經多年長盛不衰。其實他的祕訣很簡單，就是跟每個合作者一起合作的時候，他都只拿一小部分利，把大頭讓給對方。如此一來，凡是與他合作過一次的人，都願意與他繼續合作，而且還會介紹一些朋友成為他的客戶，甚至朋友的朋友也都成了他的客戶。人人都說他好，因為他只拿小頭，但所有人的小頭集中起來就成了最大的大頭，他才是真正的贏家。

還有一個小生意人，這個人不識數，也不識字。他做生意的方法就是告訴人家他的東西的單價，然後讓別人幫他算出總數，再付給他錢。每次他都是對別人說「我不會算數，您看著給吧」，然後再送給別人一些小東西，但是並沒有任何人欺負這位不會算數的憨厚人，因為他把「信任」這種最寶貴的東西給了眾人，人們回報他的也就只有「誠實」。

無論做人還是做事，都不要吝嗇付出。今日的付出是為了明天可能得到的回報。無論你付出的是禮物、人情、為人效勞還是信任、尊重這些東西，最終都能夠為你的人生累積聲譽和德行，這些恩惠就會最終為你帶來豐厚的「福報」。

當然，施恩、付出也要有限度，超過一定的程度就可能得到相反的結果。在施恩、幫助別人的同時，一定不要有「不計回報」的暗示，否則就可能真的變成了一個單純的「老好人」。得到對方的感激，應該暗示對方「這點小忙不算什麼，日後有機會說不定你也能幫上我」，有這樣的暗示才可能真正在日後得到幫助。

—心理應用—

（一）為別人效力，應該不遺餘力，這樣既可以鍛鍊自己、獲得經驗，也可以日後得到別人的幫助和提攜。

（二）幫助他人就等於幫助自己，多做些雪中送炭的事更利於自己日後發展。

（三）從長遠來看，吃虧是福，吃點小虧會帶來更多發展機會。

特里法則——不願意承擔責任的人，也沒有辦法擔當大任

特里法則是美國田納西銀行總經理特里的一句管理名言：承認錯誤是一個人最大的力量來源，因為正視錯誤的人將得到錯誤以外的東西。承認錯誤就意味著承擔責任，其實很多人之所以不願意主動承認錯誤，就是害怕承擔相應的責任，害怕承認錯誤會丟掉自己的面子。事實卻證明，人們更欽佩一個敢於主動承認錯誤、承擔責任的人，因為當普通人沒有勇氣承認錯誤的時候，就會對主動站出來承認錯誤、擔當責任的人格外尊敬。因此，犯了錯誤承認得越及時，就越容易得到改正和補救，不但如此，主動承認錯誤會比別人提出批評後再認錯，更能得到別人的諒解。

人們也普遍認為，一個勇於承擔責任的人是值得信任的。領導者也更重視敢於承認錯誤、承擔責任的人，而對於爭功諉過的人則會非常不屑。

人們的重視就是一個人日後能夠成功最大的資本。有這樣一個故事，一個寺院的住持方丈已經老了，於是想要找個弟子傳承衣缽。一天，他把所有弟子都集中到自己的院子裡訓話，問他們誰拿了自己的佛經。和尚們大眼瞪著小眼，沒有人承認，於是方丈罰他們抄寫經文；三天過去了，還是沒有人承認，方丈就罰每個人都要挑水；更長的時間過去了，方丈再次詢問，還是沒有人承認。方丈嘆息一聲，想要放棄了，這時從隊伍中走出一個弟子：「沒有人承認，就算是我拿了，丟了哪本經書，我去抄一本回來吧，不要罰他們了。」這時候，方丈微笑著看了看弟子，從自己的袖子裡拿出來一本經書，「是我自己拿了，但是你願意承擔責任，寺院交給你，我很放心。」於是將自己的住持之位傳給了這位弟子。

人們往往更願意信任那些為自己或他人的行為負責任的人，所以承認錯誤、承擔責任並不會毀掉你今後的道路，真正會阻礙你的是那種不願承擔責任、不願改正錯誤的態度。正視錯誤的人，能夠得到錯誤以外的東西，其實也就是得到經驗和教訓。雖然承認錯誤難免暫時「丟面子」，畢竟誰都不願表現出自己薄弱的一面，但是長遠來看，對自己確實有好處。

主動承認錯誤總比被他人指出來再加以指責有面子得多；設法掩飾錯誤反而可能將

妻子越捅越大，如果被其他人揭發出來，更有可能失去人們的信任，讓看重你的人也失望。再者，想方設法地掩飾錯誤、推諉責任，即使這一次能夠混過去，日後遇到同樣的事還會重複以前的錯誤，所以迴避自己的失誤才是致命的錯誤。

美國第三十九任總統吉米．卡特，因貿然下令特種部隊發起拯救駐伊朗的美國大使館人質的「藍光行動」遭到慘敗，令他在選民中的聲望一落千丈。他立即在電視中發表鄭重聲明「一切責任在我」，僅僅因為這一句話，卡特總統的支持率驟然上升一〇%以上。雖然後來總統競選敗給了雷根，但他從未放棄拯救人質的努力，最終伊朗在卡特離開白宮的那一天釋放了所有人質。這一勇於承認錯誤並勇敢承擔責任的行為，被許多美國人支持和津津樂道。

對於一個主管來說，勇於承擔責任會使下屬更有安全感，因為下屬最怕的就是自己做錯事，尤其是花費了很多精力還是出了錯，主管的擔責任會使下屬感激不盡，還能夠促使下屬反思自己的錯誤和缺陷，同時更有利於形成勇於認錯的風氣。

一心理應用一

（一）無論對下屬還是上司來說，敢於承認錯誤、承擔責任都能夠得到人們的信任和尊重，得到更多讚賞和認同。

（二）只有願意承擔責任，才能在未來的時候擔負起更重的任務。而那種只想著自己的面子，出了問題就推卸責任的人則會受到大家共同的抵制。

（三）想要得到人們的尊重和信任，就應該看得遠一些，願意主動承認錯誤、承擔責任。

路徑依賴原理——大家追隨你是因為認同你

路徑依賴原理由諾貝爾經濟學獎的獲得者美國經濟學家道格拉斯．諾斯提出，含義是人們一旦做出某種選擇，就好比走上了一條不歸之路，慣性的力量會使這一選擇不斷自我強化，並讓人們不能夠輕易走出去。

這一現象在生活中總能夠不斷得到驗證：比如，你第一次選擇在哪家服裝店買衣服，就會一直去他家光顧，有時候即使明知道他家的並不是最好的，也總是習慣性地選擇他家。你選擇某個頂尖的品牌，就會不斷擁有這個品牌的用品，所以很多人的生活用品都是成系列的。

所以，想要日後有人幫助你、追隨你，就要讓人們在一開始就信任你、願意追隨你，這才是最好的辦法。讓別人願意信任你的方法就是你自己有足夠的能力。自己的選擇第一次就是正確的，有一個好的開始就等於成功了一半。

孔子曰：「少成若天性，習慣為之常。」意思是保持一種習慣就會形成一種天性，塑造一種好的習慣就等於向成功邁進了一步。

在職業生涯中，一個人也無法擺脫這種路徑依賴，所以一旦選擇了自己某種做事的方法，比如「小事殷勤的做法」或者「奉迎上司、諂媚的做法」，我們的人生軌道就會變窄，以後就很難改變它了。一方面固然是因為我們自己難以改變，另一方面則是輿論的壓力，人們會固守成見地認為你就是個「打雜的」或者「拍馬屁的」，做出改變會讓人們覺得你「虛偽善變」。所以，唯一可以做的就是謹慎選擇自己剛入職場的行事風格，然後不斷堅持這種風格，並讓人們認可和追隨它。一旦別人接受、認可了你的這種行事和做人風格，決定追隨和模仿你，那麼接下來就會不斷按照自己的這個選擇進行下去——或者與你友好，或者追隨你，或者與你成為對手。只要讓人們選擇你、認定你，他們就會一直認定下去，甚至你有自己的事業也會支持你。

要為自己鋪設前程，就要謹慎開始自己的第一步，好的開始就是成功的一半。戴爾電腦是一個財富的神話，這家公司有兩大法寶「直接銷售模式」和「市場細分方式」，其實戴爾早在少年時代就建立了這兩種行為方式。

他十二歲時，因為想省錢，於是不再在拍賣會上賣郵票，而是說服一個喜歡集郵的鄰居把郵票委託給他，然後在專業刊物上刊登自己賣郵票的廣告。結果第一次就賺到了兩千美元，嘗到了「拋棄中間人」的甜頭，建立了自己「直接銷售」的行為模式。開始做電腦生意時，發現顧客因為有不同的需求往往需要不同的電腦硬體，但是因為大部分經營電腦的人本身並不太懂電腦，無法為顧客提供技術支援，所以他又開闢了自己獨特的行為方式：自己改裝或者買零件組裝電腦，根據顧客的直接要求提供不同功能的電腦。於是，「市場細分」的行為模式就誕生了。

這是一個人成功的行為模式。只要建立一個好的做事方法、一套正確而行之有效的行為方式，你就可能以最快的速度取得成功。而且，這種方法，如果能夠得到人們的認同和接受，人們也會不自覺地採用你的方法並且支持你、追隨你。除了一個人的做事能力會出現這種情況以外，對人脈的把握也是這樣的。如果你始終表現出一種讓人尊重的品德、一種使人追隨的風格，那麼別人就會選擇支持你、信任你、追隨你；而如果你選擇的是「諂媚」、「欺上瞞下」的行事和做人方式，即使人們不敢得罪你，也絕對不可能心甘情願地追隨你，更不可能給你尊重和信任，你日後的事業也會受到很大的挫折。

想要別人始終支持、信任和尊重你，就應該擁有一種別人認同的品格和習慣。劉備賴以讓人追隨的品格就是他的「仁義」，關、張兩位正是看到、認同和敬佩他這一點，才與他結義，最終追隨了他一生。

—心理應用—

（一）選擇正確的行事方法去堅持，有好的開始就會走上成功的道路。

（二）選擇一種美好、人們願意追隨的品格堅持下去，人們就會由始至終支持你、幫助你。

長久經營人際關係的不敗法則

想要喝一杯酒，總要在幾年前就開始醞釀，否則是不可能馬上喝到的。有人說「可以馬上買到呀」，沒錯，但那是一種金錢交換關係，如果你要做的事是金錢無法交換的或者你沒有那麼多的金錢呢？這世界上有一種關係叫做人情。優秀的管理學家們都說投資它永遠都不會產生虧損。在關鍵的時刻，你總要用到人情，但人情並不是見過一兩次面就會自動產生，如果你急功近利，釣到的魚就不再餵食，那麼再多的人際關係也不可能在關鍵時刻就能夠用上。

王經理在為兒子上明星高中的事情著急，他四處託關係、找管道、請客送禮，急得嘴上都起了泡，事情還是沒有著落。一位朋友看到這種情形，說道：「現在這種情況，除非你能夠拿出一大筆錢或者幫助學校解決一些重大的事，才有可能讓你的孩子上好學校。單純的請客送禮是絕對不管用的。想要用請客的方式解決事情，你應該在很久以前就結交教育界的朋友。」

「什麼時候?多久以前?」

「在你的孩子上小學二年級的時候。」

人們常說「平時不燒香，臨時抱佛腳」，如果你心中根本就沒有佛祖，有事才來懇求他，他是不會理會你的。心胸寬廣的菩薩尚且如此，何況是人呢?所以，想要關鍵時刻有人幫，平時就要多聯繫、多結交好友，不斷維護、修復自己的人脈。每個人心中都是有底的，誰是自己真正的朋友，誰只不過在利用自己，誰可幫誰不可幫，如果一個人平時跟你來往不多，有事才來懇求你，你會甘願做他的工具嗎?可見只有真心的結交才可能帶來真正的回報。

戰國時期的孟嘗君喜歡招納各種能人異士，號稱門客三千。他對賓客來者不拒，有才能的各盡其才，沒才能的也提供食宿。後來，秦昭王想要找個藉口殺掉他，就將他軟禁了起來。他手下的門客就偷來了某個寵妃最喜歡的狐裘，於是寵妃說情放了孟嘗君。孟嘗君不敢久留，就趁夜快馬出城。走到函谷關的時候，城門已關，守門人一定要等到雞叫才開城門。正在著急之時，門客中有人會學雞叫，於是幾聲啼叫引得附近所有的雞都叫起來，城門大開，大家逃出城去。孟嘗君就是藉此才保得性命逃出城去，如果平時不是他有意結交眾多門客，關鍵時刻去哪裡尋求幫助？人們的心理都有相通之處。「平時多燒香，急時有人幫」，只有平時不斷聯繫，維護你們之間的感情，讓別人認為你和對方交往完全是為了兩人之間的情意，而絕不是利用別人，別人才可能在關鍵時刻心平氣和地幫你。否則，著急的時候，你就只能感嘆平時為什麼不多結交幾個朋友了。

如果沒有平時對感情的投資，關鍵時刻想要以小搏大，以為送幾次禮就能夠解決事情，不是在痴人說夢嗎？記得冠纓索絕的故事嗎？楚國大軍壓境，齊威王派淳于髡出使趙國請求救兵，只攜帶禮物黃金百斤、駟馬車十輛。淳于髡仰天大笑，將繫帽子的帶子都笑斷了，然後講了一個只拿一隻豬蹄、一杯酒卻要求神將所有的穀倉都裝滿的故事，笑那個人拿的祭品很少而祈求的東西太多。於是，齊威王將禮物增加到黃金千鎰、白璧十對、駟馬車百輛，於是求到了精兵十萬、戰車千輛。

可見，關鍵時刻求人如果沒有人情，也不是不可以獲得幫助，但肯定要付出巨大的代價。這種代價卻並不一定是你能夠付出的，也不一定就有這樣的機會。想要獲得支持和幫助還是要靠平時多聯繫、多溝通，這樣一旦有事就不會發愁找誰幫忙了。

相信很多人都有過這樣的經驗：當你遇到困難，覺得可以找某人幫你解決時，但一想，很長時間都沒有聯繫了，本來應該多去看看他，但一次也沒有去過，現在去找他會不會太唐突了？如果你總是遇到這樣的尷尬，就應該反思自己的交友方式了。在平時就應該和朋友多聯繫，魚釣上來更要勤餵食，否則遲早也會溜掉的。

一心理應用一

（一）平時和朋友多聯繫，關鍵時刻才能有人幫。

（二）高瞻遠矚，多結交有志之士，才能在將來成就事業的時候有人支持。

高寶書版集團
gobooks.com.tw

新視野 New Window 212
大人的心理學
看完可以馬上用的心理學定律，人際溝通、職場應變全對策

作　　者　夏林
特約編輯　林婉君
助理編輯　陳柔含
封面設計　林政嘉
排　　版　賴姵均
企　　劃　鍾惠鈞

發 行 人　朱凱蕾
出　　版　英屬維京群島商高寶國際有限公司台灣分公司
　　　　　Global Group Holdings, Ltd.
地　　址　台北市內湖區洲子街 88 號 3 樓
網　　址　gobooks.com.tw
電　　話　(02) 27992788
電　　郵　readers@gobooks.com.tw（讀者服務部）
　　　　　pr@gobooks.com.tw（公關諮詢部）
傳　　真　出版部　(02) 27990909　行銷部 (02) 27993088
郵政劃撥　19394552
戶　　名　英屬維京群島商高寶國際有限公司台灣分公司
發　　行　英屬維京群島商高寶國際有限公司台灣分公司
初版日期　2020 年 10 月

原書名：墨菲定律：每天學點心理學

國家圖書館出版品預行編目（CIP）資料

大人的心理學：看完可以馬上用的心理學定律，人際溝通、職場應變全對策 / 夏林著 . -- 初版 . -- 臺北市：高寶國際出版：高寶國際發行 , 2020.10
　面；　公分 . -- (新視野 212)

ISBN 978-986-361-905-5 (平裝)

1. 應用心理學　2. 人際關係　3. 成功法

177　　109012524